Grimms Märchen tiefenpsychologisch gedeutet

C. Nuss
Jan. 93

WV

Eugen Drewermann / Ingritt Neuhaus

Das Mädchen ohne Hände

Märchen Nr. 31 aus der Grimmschen Sammlung

Walter-Verlag Olten und Freiburg im Breisgau

Der Text des Märchens ist in der Fassung der Grimmschen «Kinder- und Hausmärchen»
von 1857 wiedergegeben.

Handgeschriebener Text und Batikbilder stammen von Ingritt Neuhaus,
die tiefenpsychologische Deutung von Eugen Drewermann.

11. Auflage 1992

Alle Rechte vorbehalten
© Walter-Verlag AG, Olten 1981
Gesamtherstellung in den grafischen Betrieben
des Walter-Verlags
Printed in Switzerland

ISBN 3-530-16860-2

Märchen sind eher Erzählungen für Erwachsene als für Kinder. Was sie zu sagen haben, entstammt zum überwiegenden Teil einer Bilderwelt und Weisheit, der man bereits in den Mythen des Altertums und in den Erzählungen der Naturvölker begegnet. Erst mit dem Absterben der alten Religion sind sie zu Geschichten herabgesunken, die man nur noch Kindern erzählt. Ihr Inhalt und ihre Symbolsprache indessen beschreiben und deuten auch dann noch – wie im Stadium mythischer Überlieferung – menschliches Schicksal nach dem Vorbild der großen Gegensätze und Bewegungen der äußeren Natur. Religionsgeschichte, Naturmythologie und Theologie eröffnen daher im Grunde die ersten Wege zum Verständnis zahlreicher Märchentexte.

Doch obwohl ursprünglich an Erwachsene gerichtet, sind die Märchen, diese Überreste aus den Kindertagen der Menschheit, dem Verständnis von Kindern eigentümlich verwandt. Ihre Sprache ist die Sprache der Träume, ihre Symbolik fußt in der archetypischen Bilderwelt des Unbewußten, und so bedarf es einer Art kindlichen Nachträumens, einer neuen Unmittelbarkeit der Einfühlung und des Erlebens, um als Erwachsener die Märchen zu verstehen. Die wissenschaftliche Anleitung dazu bietet die Tiefenpsychologie. Man muß wohl zunächst wissen, welche Mächte und Gestalten der äußeren Natur die Märchen im Erbe der Mythen symbolisieren und welch eine Bedeutung sie ihnen verleihen; aber im Grunde sprechen die Märchen von Gegensätzen und

Vorwort

Konflikten der menschlichen Psyche. Sie beschreiben in zeitlosen Bildern den mühsamen Weg, den es kostet, von einem Kind zu einem Erwachsenen zu werden; sie schildern die Belastungen und Schwierigkeiten, die jemand aus den Eindrücken seiner Kindheit ins Leben mitnimmt und in irgendeiner Weise überwinden muß; sie zeigen, wie das Ich eines Erwachsenen sich aus seiner seelischen Einseitigkeit und Starre lösen und zu sich selbst hinfinden kann; und in all dem vermitteln sie den Mut, trotz aller Angst und Schuldgefühle an die Berechtigung des eigenen Lebens zu glauben und bedingungslos der Wahrheit des eigenen Herzens zu folgen. So sind die Märchen in sich selbst Wegweiser und Richtmarken des Unbewußten; sie sind daher ein bevorzugter Gegenstand auch tiefenpsychologischer Interpretationsverfahren.

Von den beiden großen tiefenpsychologischen Schulen S. Freuds und C. G. Jungs wird man bei der Deutung eines Märchens wechselnd der einen oder der anderen den Vorzug geben, je nachdem, zu welchem Zeitpunkt der seelischen Entwicklung die Problemstellung der Erzählung einsetzt. Wie es in der Psychotherapie der ersten Lebenshälfte sich bewährt, die objektale, reduktive Deutungsmethode Freuds anzuwenden, so wird man bei Märchen, die mit der Entwicklungsgeschichte eines Kindes beginnen, zumeist in Vater und Mutter, Sohn und Tochter, Schwester und Bruder, Jungfrau und Drachen die Verkör-

perung realer Gestalten erblicken und in den einzelnen Symbolen nach den verdrängten Triebwünschen suchen, die sich in ihnen verhüllt und verstellt aussprechen. Vor allem erlaubt und erfordert die objektale Betrachtungsweise eine genaue Beobachtung der Gefühle, die zwischen den handelnden Personen bestehen, und es wird jeweils die Frage sein müssen, was die einzelnen Handlungen und Tatbestände für die Akteure des Märchens selbst bedeuten. Bei denjenigen Märchen hingegen, die bereits zu Beginn oder im Verlauf der Handlung das Schicksal eines erwachsenen Lebens reflektieren, wird man, ähnlich wie in der Psychotherapie der zweiten Lebenshälfte, bevorzugt die subjektale Deutung Jungs zur Geltung kommen lassen, bei der alle Personen, Gegenstände und Geschehnisse des Märchens Teile, Kräfte und Vorgänge in ein und derselben Psyche darstellen. Indem Jung in den Symbolen der Märchen, Mythen und Träume nicht so sehr Verstellungen der eigentlichen Triebwünsche sah, sondern archetypisch vorgeprägte Ausdrucksgestalten einer nur symbolisch aussagbaren Wirklichkeit, fand er zu einer Betrachtung zurück, die in den Märchen selbst, wie in den Mythen, aus denen sie stammen, den Niederschlag von Einsichten letztlich religiöser Dimension und Wahrheit erkennt. Dieser Einstellung sind die Interpretationen der Märchen dieser Reihe, wenngleich mit wechselnden Akzenten und natürlich ohne dogmatische Starre, in Bild und Text am meisten verpflichtet.

Eugen Drewermann

Das Mädchen ohne Hände

Ein Müller war nach und nach in Armut geraten und hatte nichts mehr als seine Mühle und einen großen Apfelbaum dahinter. Einmal war er in den Wald gegangen, Holz zu holen, da trat ein alter Mann zu ihm, den er noch niemals gesehen hatte und sprach: „Was quälst du dich mit Holzhacken, ich will dich reich machen, wenn du mir versprichst, was hinter deiner Mühle steht." – Was kann das anderes sein als mein Apfelbaum? dachte der Müller, sagte ja und verschrieb es dem fremden Manne. Der aber lachte höhnisch und sagte: „Nach drei Jahren will ich kommen und abholen, was mir gehört," und ging fort. Als der Müller nach Hause kam, trat ihm seine Frau entgegen und sprach: „Sage mir, Müller, woher kommt der plötzliche Reichtum in unser Haus?

Auf einmal sind alle Kisten und Kasten voll, kein Mensch hat's hereingebracht, und ich weiß nicht, wie es zugegangen ist." Er antwortete: "Das kommt von einem fremden Manne, der mir im Walde begegnet ist und mir große Schätze verheißen hat; ich habe ihm verschrieben, was hinter der Mühle steht – den großen Apfelbaum können wir wohl dafür geben." – "Ach Mann," sagte die Frau erschrocken, "das ist der Teufel gewesen – den Apfelbaum hat er nicht gemeint, sondern unsere Tochter, die stand hinter der Mühle und kehrte den Hof."

Die Müllerstochter war ein schönes und frommes Mädchen und lebte die drei Jahre in Gottesfurcht und ohne Sünde. Als nun die Zeit herum war und der Tag kam, wo sie der Böse holen wollte, da wusch sie sich rein und machte mit Kreide einen Kranz um sich. Der Teufel erschien ganz frühe, aber er konnte ihr nicht nahe kommen. Zornig sprach er zum Müller: "Tu ihr alles Wasser weg, damit sie sich nicht mehr waschen kann, denn sonst habe ich keine Gewalt über sie." Der

Müller fürchtete sich und tat es. Am andern Morgen kam der Teufel wieder, aber sie hatte auf ihre Hände geweint, und sie waren ganz rein. Da konnte er ihr wiederum nicht nahen und sprach wütend zu dem Müller: „Hau ihr die Hände ab, sonst kann ich ihr nichts anhaben." Der Müller entsetzte sich und antwortete: „Wie könnt ich meinem eigenen Kind die Hände abhauen!" Da drohte ihm der Böse und sprach: „Wo du es nicht tust, so bist du mein und ich hole dich selber." Dem Vater ward angst, und er versprach, ihm zu gehorchen. Da ging er zu dem Mädchen und sagte: „Mein Kind, wenn ich dir nicht beide Hände abhaue, so führt mich der Teufel fort, und in der Angst hab ich es ihm versprochen. Hilf mir doch in meiner Not und verzeihe mir, was ich Böses an dir tue." Sie antwortete: „Lieber Vater, macht mit mir, was Ihr wollt, ich bin Euer Kind." Darauf legte sie beide Hände hin und ließ sie sich abhauen. Der Teufel kam zum dritten Mal, aber sie hatte so lange und so viel auf die Stümpfe geweint, daß sie doch ganz rein waren. Da mußte er weichen und hatte alles Recht auf sie verloren.

Der Müller sprach zu ihr: „Ich habe so großes Gut durch dich gewonnen, ich will dich zeitleben aufs köstlichste halten." Sie antwortete aber: „Hier kann ich nicht bleiben; ich will fortgehen – mitleidige Menschen werden mir schon soviel geben, als ich brauche." Darauf ließ sie sich die verstümmelten Arme auf den Rücken binden, und mit Sonnenaufgang machte sie sich auf den Weg und ging den ganzen Tag, bis es Nacht ward. Da kam sie zu einem königlichen Garten, und beim Mondschimmer sah sie, daß Bäume voll schöner Früchte darin standen; aber sie konnte nicht hinein, denn es war ein Wasser darum. Und weil sie den ganzen Tag gegangen war und keinen Bissen genossen hatte und der Hunger sie quälte, so dachte sie: Ach, wäre ich darin, damit ich etwas von den Früchten äße, sonst muß ich verschmachten. Da kniete sie nieder, rief Gott den Herrn an und betete. Auf einmal kam ein Engel daher, der machte eine Schleuse in dem Wasser zu, so daß der Graben trocken ward und sie hindurchgehen konnte. Nun ging sie in den Garten und der Engel ging mit ihr. Sie sah einen Baum mit Obst, das waren schöne Früchte, aber

sie waren alle gezählt. Da trat sie hinzu und aß eine mit dem Munde vom Baume ab, ihren Hunger zu stillen, aber nicht mehr. Der Gärtner sah es mit an, weil aber der Engel dabeistand, fürchtete er sich und meinte, das Mädchen wäre ein Geist, schwieg still und getraute nicht zu rufen oder den Geist anzureden. Als sie die Birne gegessen hatte, war sie gesättigt und ging und versteckte sich in das Gebüsch. Der König, dem der Garten gehörte, kam am andern Morgen herab; da zählte er und sah, daß eine der Birnen fehlte, und fragte den Gärtner, wo sie hingekommen wäre, sie läge nicht unter dem Baume und wäre doch weg. Da antwortete der Gärtner: „Vorige Nacht kam ein Geist herein, der hatte keine Hände und aß eine mit dem Munde ab." Der König sprach: „Wie ist der Geist über das Wasser herübergekommen? Und wo ist er hingegangen, nachdem er die Birne gegessen hatte?" Der Gärtner antwortete: „Es kam jemand in schneeweissen Kleide vom Himmel, der hat die Schleuse zugemacht und das Wasser gehemmt, damit der Geist durch den Graben gehen konnte. Und weil es ein Engel muß gewesen sein, so ha-

BEIM MONDSCHIMMER SAH SIE, DASS BÄUME VOLL SCHÖNER FRÜCHTE DARIN STANDEN, ABER SIE KONNTE NICHT HINEIN, DENN ES WAR EIN WASSER DARUM....

be ich mich gefürchtet, nicht gefragt und nicht gerufen. Als der Geist die Birne gegessen hatte, ist er wieder zurückgegangen." Der König sprach: "Verhält es sich, wie du sagst, so will ich diese Nacht bei dir wachen."

Als es dunkel ward, kam der König in den Garten und brachte einen Priester mit, der sollte den Geist anreden. Alle drei setzten sich unter den Baum und gaben acht. Um Mitternacht kam das Mädchen aus dem Gebüsch gekrochen, trat zu dem Baum und aß wieder mit dem Munde eine Birne ab; neben ihr aber stand der Engel im weißen Kleide. Da ging der Priester hervor und sprach: "Bist du von Gott gekommen oder von der Welt? Bist du ein Geist oder ein Mensch?" Sie antwortete: "Ich bin kein Geist, sondern ein armer Mensch, von allen verlassen, nur von Gott nicht." Der König sprach: "Wenn du von aller Welt verlassen bist, so will ich dich nicht verlassen." Er nahm sie mit sich in sein königliches Schloß, und weil sie so schön und fromm war, liebte er sie von Herzen, ließ ihr silberne Hände machen und nahm sie zu seiner Gemahlin. Nach einem Jahr mußte der König über Feld ziehen, da be-

fahl er die junge Königin seiner Mutter und sprach: „Wenn sie ins Kindbett kommt, so haltet und verpflegt sie wohl und schreibt mir's gleich in einem Briefe." Nun gebar sie einen schönen Sohn. Da schrieb es die alte Mutter eilig und meldete ihm die frohe Nachricht. Der Bote aber ruhte unterwegs an einem Bache, und da er von dem langen Weg ermüdet war, schlief er ein. Da kam der Teufel, welcher der frommen Königin immer zu schaden trachtete, und vertauschte den Brief mit einem andern, darin stand, daß die Königin einen Wechselbalg zur Welt gebracht hätte. Als der König den Brief las, erschrak er und betrübte sich sehr, aber schrieb er zur Antwort, sie sollten die Königin wohlhalten und pflegen bis zu seiner Ankunft. Der Bote ging mit dem Brief zurück, ruhte an der nämlichen Stelle und schlief wieder ein. Da kam der Teufel abermals und legte ihm einen andern Brief in die Tasche, darin stand, sie sollten die Königin mit ihrem Kinde töten. Die alte Mutter erschrak heftig, als sie den Brief erhielt, konnte es nicht glauben und schrieb dem Könige noch einmal, aber sie bekam keine andere Antwort, weil der Teufel dem Boten jedesmal einen falschen Brief un-

terschob – und in dem letzten Briefe stand wer, sie sollten zum Wahrzeichen Zunge und Augen der Königin aufheben.

Aber die alte Mutter weinte, daß so unschuldiges Blut sollte vergossen werden, ließ in der Nacht eine Hirschkuh holen, schnitt ihr Zunge und Augen aus und hob sie auf. Dann sprach sie zu der Königin: „Ich kann dich nicht töten lassen, wie der König befiehlt, aber länger darfst du hier nicht bleiben: Geh mit deinem Kind in die weite Welt hinein und komm nie wieder zurück." Sie band ihr das Kind auf den Rücken, und die arme Frau ging weinend fort. Sie kam in einen großen, wilden Wald, da kniete sie nieder und betete zu Gott, und der Engel des Herrn erschien ihr und führte sie zu einem kleinen Haus, daran war ein Schildchen mit den Worten: „Hier wohnt ein jeder frei." Aus dem Häuschen kam eine schneeweiße Jungfrau, die sprach: „Willkommen, Frau Königin," und führte sie hinein. Da band sie ihr den kleinen Knaben von dem Rücken und hielt ihn an ihre Brust, damit er trank, und legte ihn dann auf ein schönes, gemachtes Bettchen. Da sprach die arme Frau: „Woher weißt du, daß ich eine Königin war?" Die weiße Jungfrau

antwortete: „Ich bin ein Engel, von Gott gesandt, dich und dein Kind zu verpflegen." Da blieb sie in dem Hause sieben Jahre und war wohl verpflegt, und durch Gottes Gnade wegen ihrer Frömmigkeit wuchsen ihr die abgehauenen Hände wieder.

Der König kam endlich aus dem Felde wieder nach Haus, und sein erstes war, daß er seine Frau mit dem Kinde sehen wollte. Da fing die alte Mutter an zu weinen und sprach: „Du böser Mann, was hast du mir geschrieben, daß ich zwei unschuldige Seelen ums Leben bringen sollte!", und zeigte ihm die beiden Briefe, die der Böse verfälscht hatte, und sprach weiter: „Ich habe getan, wie du befohlen hast," und wies ihm die Wahrzeichen, Zunge und Augen. Da fing der König an, noch viel bitterlicher zu weinen über seine Frau und sein Söhnlein, daß es die alte Mutter erbarmte und sie zu ihm sprach: „Gib dich zufrieden, sie lebt noch. Ich habe eine Hirschkuh heimlich schlachten lassen und von dieser die Wahrzeichen genommen, deiner Frau aber habe ich ihr Kind auf den Rücken gebunden und sie geheißen, in die weite Welt zu gehen, und sie hat versprechen müssen, nie wieder hierherzukom-

men, weil du so zornig über sie wärst." Da sprach der König: "Ich will gehen, so weit der Himmel blau ist, und nicht essen und trinken, bis ich meine liebe Frau und mein Kind wiedergefunden habe, wenn sie nicht in der Zeit umgekommen oder Hungers gestorben sind." Darauf zog der König umher, an die sieben Jahre lang, und suchte sie in allen Steinklippen und Felsenhöhlen, aber er fand sie nicht und dachte, sie wären verschmachtet. Er aß nicht und trank nicht während dieser ganzen Zeit, aber Gott erhielt ihn. Endlich kam er in einen großen Wald und fand darin das kleine Häuschen, daran das Schildchen war mit den Worten: "Hier wohnt jeder frei." Da kam die weiße Jungfrau heraus, nahm ihn bei der Hand, führte ihn hinein und sprach: "Seid willkommen, Herr König," und fragte ihn, wo er herkäme. Er antwortete: "Ich bin bald sieben Jahre herumgezogen und suche meine Frau mit ihrem Kinde, ich kann sie aber nicht finden." Der Engel bot ihm Essen und Trinken an, er nahm es aber nicht und wollte nur ein wenig ruhen. Da legte er sich schlafen und deckte ein Tuch über sein Gesicht. Darauf ging der Engel

UND DURCH GOTTES GNADE

DA BLIEB SIE IN DEM HAUS SIEBEN JAHRE

UND WEGEN IHRER FRÖMMIGKEIT

HIER WOHNT

FREI

JEDER

WUCHSEN IHR DIE ABGEHAUENEN HÄNDE WIEDER.

in die Kammer, wo die Königin mit ihrem Sohn saß, den sie gewöhnlich Schmerzenreich nannte, und sprach zu ihr: „Geh hinaus mitsamt deinem Kinde, dein Gemahl ist gekommen." Da ging sie hin, wo er lag, und das Tuch fiel ihm vom Angesicht. Da sprach sie: „Schmerzenreich, heb deinem Vater das Tuch auf und decke ihm sein Gesicht wieder zu." Das Kind hob es auf und deckte es wieder über sein Gesicht. Das hörte der König im Schlummer und ließ das Tuch noch einmal gerne fallen. Da ward das Knäblein ungeduldig und sagte: „Liebe Mutter, wie kann ich meinem Vater das Gesicht zudecken, ich habe ja keinen Vater auf der Welt? Ich habe das Beten gelernt, Unser Vater, der du bist im Himmel; da hast du gesagt, mein Vater wäre im Himmel und wäre der liebe Gott – wie soll ich einen so wilden Mann kennen? Das ist mein Vater nicht." Wie der König das hörte, richtete er sich auf und fragte, wer sie wäre. Da sagte sie: „Ich bin deine Frau und das ist dein Sohn Schmerzenreich." Und er sah ihre lebendigen Hände und sprach: „Meine Frau hatte silberne Hände." Sie antwortete: „Die natürlichen Hände hat mir der gnädige Gott wieder wachsen lassen; und der Engel ging in die Kammer, holte die silbernen Hände und zeigte sie

ICH WILL GEHEN SOWEIT DER HIMMEL BLAU IST UND NICHT ESSEN UND NICHT TRINKEN BIS ICH MEINE LIEBE FRAU UND MEIN KIND WIEDERGEFUNDEN HABE.

ihm. Da sah es erst gewiß, daß es seine liebe Frau und sein liebes Kind war, und küßte sie und war froh und sagte: „Ein schwerer Stein ist von meinem Herzen gefallen." Da speiste sie der Engel Gottes noch einmal zusammen, und dann gingen sie nach Haus zu seiner alten Mutter. Da war große Freude überall, und der König und die Königin hielten noch einmal Hochzeit, und sie lebten vergnügt bis an ihr seliges Ende.

Tiefenpsychologische Deutung

Was einst der Mond den Menschen sagen konnte

Selbst in der Welt der Märchen gibt es nicht viele Erzählungen, die von so viel Leid und unbegreiflicher Grausamkeit berichten. Es ist eine Welt, in der keiner der Hauptbeteiligten mit Absicht einem anderen Schmerz zufügen will; und doch gebietet eine tragische Notwendigkeit das Ungeheuerliche: die Verstümmelung des eigenen Kindes; und doch führen verhängnisvolle Verfälschungen der füreinander bestimmten Mitteilungen zu Flucht und Verbannung. Warum, so scheint das Märchen zu fragen, muß derartiges Leid erduldet werden, ehe am Ende wie durch ein Wunder Heil und Glück winken? Warum bedarf es oft so langer Zeiten der Trennung und Verbannung, ehe man zueinander und nach Hause findet?

Es gab eine Zeit, in der man die Lösung dieser Lebensrätsel offenbar an der Gestalt des Mondes glaubte ablesen zu können. Der Mond gilt in der Anschauung der Alten als ein wunderschönes Mädchen, als die Tochter des himmlischen Vaters,[1] die in seinem Garten unter dem Weltenbaum[2] lebt; sie ist sein ein und alles, sein einziges Glück und sein ganzer Reichtum. Aber ein dunkles Schicksal liegt über ihnen, das keiner gewollt hat und das dennoch vollzogen werden muß: der Himmelsvater muß, um nicht selbst den Mächten der Finsternis preisgegeben zu werden, seine Mondtochter eigenhändig verstümmeln und ihr die «Arme», die Leuchtkraft der silbernen, weitgreifenden Strahlenhände,[3] abschlagen. Und so verkrüppelt, die Hände auf den Rücken gebunden, in der unförmigen Gestalt des abnehmenden Mondes, auf der Vorderseite verstümmelt und auf der Rückseite bucklig, wandert das Mädchen, immer matter werdend, am Himmel dahin,[4] bis es ganz entkräftet am Weltenbaum im Himmelsgarten neue Nahrung zu sich nimmt und seinem königlichen Prinzgemahl, der Sonne, begegnet.[5]

Dies ist eine erste Antwort auf die Frage nach dem Leid: die Stunde der äußersten Erschöpfung der heimatlos wandernden Mondgöttin ist zugleich die Stunde ihrer Heiligen Hochzeit mit dem Sonnengott; die Stunde ihres Todes, ihr Untergang im Westen, ist zugleich die Stunde ihrer Vereinigung mit dem himmlischen Bräutigam, dem eigentlichen Herren und Inhaber des Weltenbaumes. Aus der Vereinigung von Sonne und Mond in der Zeit des Neumondes geht als gemeinsame Frucht beider ein neugeborenes Kind, die schmale Sichel des wiedererscheinenden, schnell wachsenden Mondes hervor.[6] Das Leid der schönen Mondgöttin dient also letztlich ihrem eigenen Glück und ihrer eigenen Regeneration. Aber kein irdisches Glück ist von Dauer. Bald schon sieht man den Mond und die Sonne sich wieder voneinander entfernen. Der Sonnenkönig wird durch kriegerische Pflichten zur Trennung von seiner geliebten Frau veranlaßt. Und nun scheint *er* es zu sein, der nicht nur die Verstümmelung, sondern sogar die Tötung der Mondgöttin und ihres Kindes verlangt. Astronomisch zu Recht, ist doch gerade der Sonne, dem geliebten Gemahl der Mondgöttin, die in drei Phasen sich vollziehende Tötung des Mondes zuzuschreiben. Freilich: der Mond überlebt die heimtückischen und von der Sonne selbst nicht beabsichtigten Anschläge durch die gnädige List der gütigen Himmelskönigin: es ist nicht der Mond selbst, sondern nur seine gehörnte, hirschgleiche Tauschgestalt,[7] die getötet wird, wenn die Sichel des abnehmenden Mondes im Osten ihr Licht verliert und ihr mithin, wie der Sonnenkönig vor seiner Rückkehr verlangt, die Augen ausgestochen werden, daß sie erblindet,[8] und die Zunge herausgeschnitten[9] wird, daß sie im Schweigen der Nacht ohne Klagen versinkt. Erneut gilt es dann Flucht und Wanderschaft zu bestehen, jetzt freilich zur Rettung des bedrohten Mondknäbleins, ehe Sonne und Mond nach langem Irren und Suchen einander in die Arme schließen können.

Diese Hoffnung wider alle Hoffnung bleibt indes in der Mondmythologie bestehen, daß einmal die unglückliche Liebe des Sonnenkönigs und der Mondgöttin ihre Erfüllung am Himmel der Welt finden möge und daß sich beide in ihrer Vollgestalt, mit neugewachsenen Händen, begegnen und untrennbar beieinander bleiben könnten. Es wäre dies die sichtbare Bestätigung dessen, was man gerade nicht sieht und doch als das geheime Ziel all der mühevollen Bewegungen der Himmelsgestirne erkennt: die endgültige Vereinigung des Tag- und Nachtgestirns, das Ende ihres Leids. Und wenngleich am Himmel die wahre Vollendung beider immer nur angedeutet, nie wirklich sichtbar erscheint, so fällt doch ein Abglanz der Hoffnung von Sonne und Mond auch auf das geplagte Erdenleben der Menschenkinder, die selber sonnenhaft und mondgleich sind – in ihren Schmerzen und ihrem unschuldigen Leid, in ihrem rastlosen Bemühen und in ihrer rätselhaften Ausgeliefertheit an ein Schicksal, das zwar augenscheinlich ihr Verderben, in Wahrheit aber ihr unsterbliches Wohl und Leben meint – wie man am Mond erkennen kann. Die Menschen selbst sind mondhaft.[10] Denn der Mond ist wie ein metaphysischer Garant der Menschenhoffnung, ein sichtbarer Beweis, daß es das im Menschenleben Unsichtbare gibt: die Rückkehr des Verlorenen, Verlaufenen, die Auferstehung des Getöteten, die Regeneration des hoffnungslos Verstümmelten, die Rettung durch die Macht der Tränen, die Aussicht dessen, was am Himmel und auf Erden niemals eintrifft: eine Vereinigung, ein Frieden nicht im Dahinschwinden des Todes, sondern in einer neuen, unvergänglichen Gestalt des Lebens.

Was Menschen tötet und was Menschen leben läßt

Man löst diese kosmische Versicherung, diese naturphilosophische Bestätigung menschlicher Hoffnung auf, wenn man die Motive des Märchens vom Mond weg wieder in die Seele des Menschen zurückverlagert, woher sie ohne Zweifel stammen,[11] und also das Verhältnis umkehrt: nicht die Menschen seien mondhaft, vielmehr werde der Mond begriffen nach der Art des Menschenschicksals. Man gewinnt indessen durch eine solche psychologische «Reduktion» eine vertiefte und differenziertere Einsicht in die tatsächlichen psychischen Leiden des menschlichen Lebens und eine anthropologische Verifikation der entscheidenden Erlösungshoffnungen und Lebensgesetze, die am Ende Heil und Frieden bringen; nicht die naturmythologische, sondern erst die tiefenpsychologische Deutung des Märchens enthält seine eigentliche Aussage über Heil und Unheil, Weg und Irrweg des menschlichen Lebens.

Der Verlust der Seele

Was Unheil bringt, erklärt das Märchen gleich zu Anfang. Es ist das alte Bild vom Teufelspakt. Ein Müller, äußerlich verarmt, der schweren uneinträglichen Handwerksarbeit müde, verkauft dem Bösen seine Seele: er sucht den «Wald», den Ort seines Unbewußten,[12] auf und begegnet dort seinem «Schatten»,[13] seinem habgierigen Hintergänger,[14] der ihn in seinen Bann schlägt und verhext.

Es gibt Wege zu äußerem Lebensreichtum und scheinbarem Lebensglück, die wie ein Ausweg aus der Not erscheinen und die doch auf einen folgenschweren Lebensirrtum hinauslaufen: man bezahlt dafür um den Preis des «göttlichen Mädchens»,[15] der eigenen Tochter, die all das symbolisiert, was an innerer Lebenshoffnung und -zukunft, an eigenen verschütteten Seelenkräften und Fähigkeiten leben könnte und möchte; man verliert, so reich man auch äußerlich dabei werden mag, seine Seele, seine «anima»,[16] man verliert sein «Selbst»,[17] man gerät unvermerkt unter einen magischen Zwang fortschreitender Selbstverstümmelung, und schließlich lebt man, um seinen Besitz nicht aufzugeben bzw. um nicht ganz dem Bösen anheimzufallen, weiter in einem Zustand der Seelenlosigkeit und der Unfreiheit.[18] Gewiß: Not nötigt zu einem solchen Schritt des Seelenverkaufs, und in dem Moment, wo er getätigt wird, sieht alles so aus, als gehe es harmlos, nur günstig und vielversprechend zu; man ahnt nicht entfernt den Betrug, man weiß nichts von Seelenverkauf und Sklaverei; man wird erst nachträglich, wenn es zu spät ist, nach langer Zeit der ganzen Wahrheit inne. Aber wenn der «Teufel» schon eine Macht in der eigenen Seele ist,[19] muß man dann nicht sagen, daß man sich eigentlich selbst betrügt, auch wenn man den Selbstbetrug nicht merkt, mit dem man seine Seele «veräußert» – daß man ein Interesse hat, die Wahrheit erst zu spät kennenzulernen, um die Konsequenzen nicht mehr ziehen zu müssen?

Wenn man schon schuldig ist, Hände zu haben

Indessen: das Problem des Märchens ist nicht der Müller;[20] sein Augenmerk gilt nicht *seinem* schuldig-unschuldigen Mißgeschick; vielmehr dient dieses nur zur einleitenden Kulisse der wirklich bedrängenden Frage: wie man im Schatten eines solchen Seelenverkäufers leben – oder eben nicht leben kann und wie man die Konflikte, ja: *ob* man die Konflikte aufarbeiten kann, die sich aus seiner Nähe, aus seinem prägenden Einfluß ergeben. Erst aus der Sicht der Müllerstochter und aus dem, was *sie* erlebt, versteht man, welch ein mühevoller Weg beschritten werden muß, um zu sich selbst und seinem Glück zu finden.

Das Lebensgefühl der Müllerstochter kann nicht treffender ausgedrückt werden als durch die Verwechslung der Eingangsszene: hinter der Mühle steht der Apfelbaum, so meint der Müller; in Wahrheit steht dort seine Tochter.[21] Die symbolische Gleichung von Baum und Frau ermöglicht zwar den «Irrtum» des Müllers, aber die Verwechslung reicht doch wohl tiefer. Wenn der Pakt mit dem Teufel nicht so sehr eine Augenblicksentscheidung ist als vielmehr eine Grundeinstellung, die allmählich nur immer sichtbarer wird, so wird auch das Versehen des Müllers auf einen Grundirrtum in seinem Verhältnis zu seiner Tochter hinweisen. Spätestens von dem Zeitpunkt an, da er unter dem Druck der äußeren Not seine Seele verkauft, wird er in die Gefahr geraten, seine Tochter als eine Art Apfelbaum zu betrachten, als ein Wesen, das nur dazu dient, ihm Nutzen zu bringen, und das sich willenlos und restlos abernten und leerplündern läßt. So wenigstens aus der Sicht des Müllers.

Was aber bedeutet es für das Mädchen, unter einer solchen «Verwechslung», unter einem solchen Erwartungsdruck aufzuwachsen?

Das Mädchen, erzählt die Geschichte, erlebt seinen Vater vollkommen zwiespältig,[22] halb menschlich und halb teuflisch; und je nachdem scheint es an seinem eigenen Verhalten zu liegen, wie der Vater ihm erscheint. Alles, was der Vater von ihm als Tat seines Lebens verlangt, scheint darin zu bestehen, daß es in die Verstümmelung seiner Hände einwilligt. Sein Vater bleibt nur so lange und unter der Bedingung menschlich, als das Mädchen dem Vater gestattet, ihm seine Hände abzuschlagen. Andernfalls, wenn es die Handverstümmelung nicht akzeptiert, erscheint ihm der Vater wie ein Teufel, wie jemand, der von einer ihm fremden unheimlichen Macht besessen ist.[23] Und an dem Mädchen selber liegt es offensichtlich, ob der Vater so ist oder so: ein Mensch oder ein Teufel. Wie in der Philosophie des Deutschen Idealismus Sein und Erscheinen identisch waren, so bedeutet es im subjektiven Erleben des Mädchens keinen Unterschied, ob der Vater nur wie ein Teufel *erscheint* oder wirklich vom Teufel besessen *ist*. Das Mädchen erlebt nur, daß es selbst die ungeheure Macht der Verwandlung und mithin die gesamte Verantwortung dafür trägt, was aus dem Vater wird. Das gesamte Glück des Vaters, die Fortdauer seiner menschenwürdigen, begüterten Existenz hängt davon ab, daß das Mädchen sich die Hände abschlagen läßt. Und umgekehrt: lehnt es die überaus schmerzhafte und traurige Verstümmelung von seiten des Vaters ab, so wird es sich ewig Vorwürfe und Schuldgefühle machen müssen, den Vater zu einem Teufel entstellt zu haben.

Weniger bildlich ausgedrückt und mehr ins reale Erleben übersetzt, hat das Mädchen das Gefühl einer außerordentlichen Verantwortung, aber auch einer ungeheuren persönlichen Wichtigkeit und Bedeutsamkeit. Alles kommt auf sein Verhalten an, auf sein Opfer. Das ist das Entscheidende: ständig ist das Mädchen zwischen überstarken Verantwortungs- und Schuldgefühlen hin- und hergerissen. Wenn es seine Hände behält, d.h. wenn es sich gestattet, selber etwas in die Hand zu nehmen und zuzulangen, wenn es sich erlaubt, eigenhändig zuzugreifen, was es möchte, und sich zu holen, was es wünscht, so macht es seinen Vater zu einem wahren Teufel, so verteufelt es im Grunde seine eigene Herkunft, so muß es erfahren, daß alles ringsum in ein Feld von Vorwürfen, Anklagen, Schuldbezichtigungen, Boshaftigkeiten und schicksalhaften Verfluchungen getaucht ist; es ist, wenn es seine eigenen Hände behält, selbst ein «Teufelskind», eine Ausgeburt der Hölle. Und umgekehrt: verzichtet es unter dem Alptraum dieser Höllen- und Schreckvisionen auf jeden Ansatz zu eigenem «Handeln» und Zugreifen, läßt

es sich unter dem Diktat seines Vaters willig verstümmeln, so vermag es den Vater zu retten. Nur durch das Opfer des Verzichts auf eigenes Wünschen und Begehren, nur durch die Einwilligung in schwerste Formen von Gehemmtheit im oral-«kaptativen» Bereich gelingt ihm die Erlösung aus dem Teufelsfluch.[24]

Die Fähigkeit zu der schmerzhaften, tränenreichen und langwierigen Prozedur gewinnt es aus der Liebe zu seinem Vater, der ihm bei seinem verbietenden, extrem hemmenden Verhalten wie seiner selbst nicht mächtig, wie unter fremdem Zwang stehend erscheint. «Wenn ich irgend etwas auf der Welt fordere, wünsche oder anstrebe», so muß das Mädchen erleben, «so begehe ich ein Verbrechen an meinem Vater. Mein Vater meint es mit mir so gut, aber ich ruiniere ihn, wenn ich auch nur irgend etwas für mich möchte, mir selbst zum Leben ‹herausgreife› oder selber aktiv fordere. Mein Vater wird dann wie ein Rasender, wie ein Besessener, er ist dann gar nicht mehr mein Vater. Ich kann ihn nur liebhaben und auch seine Liebe zu mir nur dadurch erhalten, daß ich auf nichts mehr zugehe, nichts mehr in Anspruch nehme und alles Nehmen und Zugreifen mir überhaupt untersage. Nur als ein ‹Mädchen ohne Hände› bin ich ein gutes Mädchen und vermag meiner eigenen Verteufelung zu entkommen. Angesichts der Not meines Vaters wäre ich selbst ein Teufelskind, wenn ich mich mit eigenen Wünschen für mein Leben melden würde.»

Nur durch Leid und Traurigkeit, nur durch schwerste Depressionen,[25] nur durch die Reinigung der Tränen kann das Mädchen sich dem Chaos höllischer Schuldgefühle und Selbstverteufelungen entziehen; die totale Passivität, die vollkommene und willenlose Gefügigkeit («macht mit mir, was ihr wollt»!) ist die einzige Bedingung, des Vaters «liebes Kind» zu bleiben. Nur so vermag es sich einen Rest an «Integrität», angedeutet durch den magischen Mandala-Kreis,[26] der es dem Zugriff des Teufels entzieht, zu bewahren. Auf der anderen Seite erwirbt es sich gerade so eine Stellung einzigartiger Wertschätzung und Zuneigung seines Vaters.[27] Es ist sein liebstes Kind, man verdankt seinem Opfer alles, wenn und weil es auf alles eigene Verzicht leistet.

Der umgekehrte Sündenfall

Den eigenen Gehemmtheiten stehen dabei, deutlich beschrieben, auf der Haltungsseite[28] starke passive Wünsche und Erwartungen des Mädchens gegenüber, es möchte und werde fortan, eben weil es auf alles eigene «Handeln» zu seinem Glück verzichtet hat, zur Belohnung wie von selbst, ohne bitten und fordern zu müssen, ohne also durch eigenes Wünschen sich schuldig zu machen, schon geschenkt erhalten, was es zum Leben brauche.

Und doch, das spürt das Mädchen, ist dieser Zustand kein wirkliches Leben. Es spricht sehr für den inneren Druck und die innere Not, daß das Opfer der

Selbstverstümmelung von so viel Tränen begleitet wird. Empfände das Mädchen den Schmerz der eigenen Gehemmtheit nicht so wehmütig, so könnte es versucht sein, in seinen Hemmungen sich einzurichten. Zum Glück, muß man sagen, ist ihm das unmöglich. Es leidet viel zu sehr unter seiner Daseinsverkrüppelung, als daß es sich in seinen Gehemmtheiten einrichten und «zu Hause» fühlen könnte. All die Beteuerungen väterlicher Liebe und Fürsorge sind kein Ersatz für ein eigenes Leben; und so muß es hinausgehen in die Welt und sich auf die Suche nach einer eigenen Existenz machen. «Hier kann ich nicht bleiben» – dieses Gefühl innerer Widersprüchlichkeit treibt es fort und schickt es auf einen eigenen Weg, in ein eigenes Leben. Es ist von nun an die brennende Frage des Märchens, wie jemand unter der Last so schwerer Schuldgefühle und Behinderungen doch noch zu sich selbst finden kann, welche Hindernisse sich ihm dabei notwendig in den Weg stellen werden und welche Erfahrungen zu seiner inneren Befreiung unerläßlich sind.

Es ist eine gütige Wahrheit und Weisheit des Märchens, anzuerkennen, daß das Kind den Aufbruch ins Leben im Grunde nur uneigentlich, zunächst jedenfalls noch gar nicht wirklich wagt und wagen kann. Es vermag sich von seinem Vater nur zu trennen, indem es die Illusionen, die passiven Sehnsüchte, die dieser zu erfüllen versprach, zwar von seiner Person ablöst, aber nicht in sich selber ändert, vielmehr ausdrücklich bestätigt und mitnimmt. Sein mutiger und äußerst wichtiger Entschluß, sich in die Welt hineinzutrauen, wird zum Teil mitermöglicht durch die phantastische Hoffnung, in Zukunft vom Mitleid der anderen leben und also seine verstümmelten Hände behalten zu können.[29] So listenreich, scheint das Märchen sagen zu wollen, werden wir oft zu uns selbst geführt: daß wir das Richtige tun kraft falscher Erwartungen und zur Wahrheit gelangen in der Kraft eines Mutes, den wir aus lebensnotwendigen, vorübergehend unerläßlichen Illusionen beziehen. Wir glauben, nach wenigen Metern Weges schon am Ziel zu sein, und würden wir von vornherein die ganze Länge und die ganze Schwierigkeit des Wegs, der vor uns liegt, ermessen, so würden wir uns vermutlich oft nicht einmal auch nur des ersten Schritts getrauen. So gibt es jene heilsamen Lebensirrtümer, die uns die Wahrheit erträglicher machen. So geht das Mädchen ohne Hände in die Welt der Wirklichkeit hinaus und tut es doch, indem es eine Welt betritt, die so unwirklich wie nur möglich ist. Es ist im Grunde ein Weg in das eigene Unbewußte.

Das Kind, indem es seine lebensfeindliche Vaterwelt verläßt, kann gar nicht anders, als zunächst in eine traumhaft anmutende Wunschwelt hineinzugeraten, in eine paradiesisch anmutende Gegenwelt zu seinem Vaterhaus, in die es wie durch Himmelsfügung und durch Wunder eingelassen wird. Deutlich wird diese Welt als Sphäre seines Unbewußten ausgewiesen: sie ist nur bei Nacht im Mondschein zu betreten, abgetrennt durch einen Wassergraben,[30] der stets zu durchschreiten ist, um von dem vertrauten Ufer des Bewußtseins in die jenseitigen, bewußtseinstranszendenten Gefilde der Psyche zu gelangen. Garten, Baum und Engel[31] dürften allesamt als mütterlich-weibliche Symbole zu verstehen sein. Denn in der Tat ist es gerade diese Mutterwelt, die das Mädchen innerlich aufsuchen muß, um selber leben zu können. Wenn man so will, kann man bei dem nächtlichen Gartenbesuch des Mädchens von einer echten Regression,[32] und zwar auf die orale Stufe der psychischen Entwicklung, sprechen. Man sieht dann aber zugleich auch, was der Sinn dieser «Regression» ist: es geht darum, einmal die Bereiche und Erfahrungen wieder aufzusuchen und zu reaktivieren, die noch der Verstümmelung der Hände vorauslagen, und an diesen relativ intakten Eindrücken anzuknüpfen.[33] Mag es auch sein, daß das Mädchen jeden eigenen Gebrauch seiner Hände, jedes eigene Zulangen unter einem Übermaß an Schuldgefühlen sich hat verbieten müssen, so gab es doch einmal eine Zeit, in der es gar nicht nötig war, zuzupacken, in der es genügte, den Mund aufzumachen und zuzubeißen, in der man leben konnte, indem man passiv schluckte, was immer einem in den Mund gesteckt wurde. Gerade das ist es ja, was das Mädchen ohne Hände sich als Lebensgrundlage erhofft: eine säuglingsähnliche Existenzweise inmitten einer verbotsfremden mütterlichen Gartenobhut. Freilich: ohne Beklemmungen und zwiespältige Gefühle geht es nicht ab. So unbeschwert und selbstverständlich gibt es für das Mädchen nach seinen Erlebnissen schwerster einengender und hemmender Verbote keine Rückkehr zu der Phase vorambivalenter Oralität.[34] Vielmehr herrscht überstark das Gefühl, etwas Verbotenes zu tun. Der erste Schritt zur Gesundung des Mädchens besteht buchstäblich in einer Art umgekehrter Sündenfallerzählung.[35] Sündigten die ersten Menschen durch das Essen von dem verbotenen Baum in der Mitte des Gartens, so muß sich dieses Kind, dem alles eigene Wünschen und Zulangen bisher verboten wurde, gerade zu diesem «Sündenfall» der Oralität entschließen; es muß den Mut aufbringen, eben dieses Verbotene zu tun und, wenn schon nicht mit den Händen, so doch mit dem Munde sich am Leben zu erhalten. Die seelischen Mächte selbst scheinen diesem Tun günstig. Der Engel, der den Einlaß in den Garten, anders als in der biblischen Sündenfallerzählung (Gen 3,24), nicht verhindert, sondern ermöglicht, ist wie ein Bild der Mutter, die zum Betreten eines Umraumes von gewährter Liebe und freier Geborgenheit einlädt und, wie die Schlange im Paradies, das orale Begehren unterstützt; tatsächlich haftet dem Mädchen selbst in diesem Moment, wie es verstohlen in der Nacht aus dem Gebüsch hervorkriecht, etwas Schlangenhaft-Animalisches an. Und dieses als schuldhaft Erscheinende, animalisch Notwendige muß geschehen um der Möglichkeit einer Erlösung willen. Dieses Mädchen, dem die ganze Welt unter der Last von Schuldgefühlen verboten war, findet den Weg in die Welt hinein nur dadurch, daß es den Mut zum Schuldigwerden aufbringt.[36]

So jedenfalls muß ihm das nächtlich-geheime Tun erscheinen. Der Verdacht muß sein, entdeckt zu werden: alle Früchte an dem Baum sind gezählt! Es gibt also fremde, genau festgelegte Besitzansprüche, die den Baum der Verfügungsgewalt des Mädchens entziehen.[37] Es ist eine diebische, unrechtmäßige Handlung, die das Kind begeht. Und wenngleich die Tat selbst merkwürdig vorsichtig und sublim, beinahe «vergeistigt» und unkörperlich, darüber hinaus auch unendlich zögernd und scheu erfolgt, so steht sie doch unter dem unabänderlichen Vorzeichen einer nicht zu verbergenden Schuld. «Ich muß, wenn ich leben will, in dieser Welt ein Dieb sein. Ich muß mich entschließen, um zu leben, anderen etwas von dem wegzunehmen, was ihnen zwar gehört, aber was ich selbst zum Leben brauche.» So ähnlich muß das Kind denken. «Ich habe», muß es sich sagen, «keine andere Wahl, als mir das Lebensnotwendige vom Baum des Lebens zu nehmen. Und selbst wenn ich kein Recht dazu hätte – diesen Diebstahl muß ich begehen. Ich muß den Mut aufbringen, als ein Dieb zu leben, wenn ich überhaupt leben will.»

Nur so, durch diesen Mut zur Schuld, kann dieses Mädchen ein Stück weit von seinen Gehemmtheiten erlöst werden; nur so kann es inmitten einer total verbotenen Welt überhaupt ein Stück eigenen Lebens erwerben. Nur so wird es vor allem in den Stand versetzt, eine Erfahrung zu machen, die alles weitere

entscheiden soll: es kann, während es seinen «Diebstahl» begeht, die überaus wichtige Erkenntnis gewinnen, daß sein Diebstahl in Wahrheit, objektiv, nicht als Schuld verstanden wird, daß man ihm gerne gibt, was es zum Leben braucht, und daß es gerade nicht, wenn es sich etwas nimmt, befürchten muß, ein folgenschweres, streng zu strafendes Verbrechen zu begehen. Indem das Mädchen, geleitet von den Kräften seines Inneren, sich zu der Tat im Garten entschließt, macht es erstmals die Erfahrung, daß die Vaterwelt nicht mehr gilt und das subjektiv ihm als schuldhaft Erscheinende objektiv als nicht-schuldhaft betrachtet wird. Es beginnt zum erstenmal umzulernen.

Die Teufelei der Übertragungsliebe

Kann man es dem Mädchen verdenken, daß es sich eine Zeitlang tatsächlich wie im Paradiese fühlt? Soll man ihm vorwerfen, daß es offenbar jahrelang nunmehr die anderen fast wie gnädige Götter sieht, die ihm sein Leben gewähren und schenken und an deren Huld alles zu hängen scheint? Nach all dem, was hinter ihm liegt, kann es ja nur denken, daß es gewissermaßen allein die unbegreifliche Güte der anderen ist, die es leben läßt. So wie es sich bei seinem Weggang aus dem Vaterhause eine Überlebensmöglichkeit nur durch das Mitleid und das Erbarmen der anderen denken konnte, so müssen ihm jetzt, wo seine Träume und passiven Hoffnungen sogar über alle Erwartung hinaus in Erfüllung zu gehen scheinen, die anderen wie fürstliche und königliche Gönner vorkommen, die es aus reiner Gnade bei sich aufnehmen. So wie sein Vater ihm als jemand erschien, der nur durch das Selbstopfer der Tochter zu eigenem Besitz kam, so erscheint jetzt, antithetisch dazu, der Besitzer des Lebensbaumes wie ein Wesen, das selbst in Überfülle alles durch sich selbst besitzt und von dem daher alle Lebensmöglichkeit ausgeht.[38] Die Königsvorstellung ist also die genaue Umkehrung des Vaterbildes; und gerade sie ist nötig, um im Kontrast, am völlig anderen, die einseitige Härte der ursprünglichen Vaterhauserfahrungen mit ihrer erdrückenden Hypothek an Schuldgefühlen zu korrigieren. Es muß, damit es Erlösung gibt, einmal in dieser Welt der äußersten Einsamkeit und Verlassenheit des Mädchens jemanden geben, der sagt, wie der Königssohn: «Wenn du von aller Welt verlassen bist, so will (doch) ich dich nicht verlassen.»[39]

Es ist keine Frage, daß ein Mensch, der so spricht, für eine Zeitlang göttliche Sehnsüchte und Erwartungen auf sich zieht.[40] Bislang, so gesteht das Mädchen, konnte es nur denken, daß im Himmel und auf Erden kein Mensch, sondern nur Gott es nicht verlassen werde. Zum erstenmal erfährt es jetzt, daß ein Mensch zu ihm steht. Und unvermeidlich verschmelzen jetzt die Erwartungen, die eigentlich Gott gelten, mit diesem einen wesentlichen Menschen; er selbst, ein König und ein absoluter Herrscher, bildet nunmehr die völlig unvermutete und völlig unverdiente

Grundlage der eigenen Existenz. Indem er nicht als Schuld betrachtet, was bislang als verboten galt, indem er sogar aktiv gewährt und bereitstellt, was zeitlebens bis dahin durch die Barrieren von Verbot und Schuldgefühl unmöglich war, scheint dieser eine – wie Gott – durch seine übergroße Güte dem Mädchen allererst das Leben zu ermöglichen. So absolut bestimmend die Gestalt des Vaters bisher in verbietender, restriktiver Weise war, so absolut freigebig beherrscht nunmehr die Gestalt des Königs das Leben der armen Müllerstochter.

Das Mädchen kann zu Beginn dieses neuen Verhältnisses noch nicht wissen, daß es im Grunde noch immer in der Welt seines Vaters lebt, nur jetzt gewissermaßen auf der Rückseite der Drehbühne.[41] Es muß vielmehr subjektiv glauben, endlich den Himmel auf Erden zu besitzen und nach all den Mühsalen und Schmerzen ans Ziel seines Lebens gelangt zu sein. Deutlich zeigt sich, daß die Bewegung der «Regression» beim Eintritt in die Phantasiewelt des Paradiesesgartens zugleich eine Progression der psychischen Energie mit sich brachte.[42] Eine neue Beziehung ist zustande gekommen, die genau in das Schema der oralen Erwartungshaltung passiven Geschenktbekommens und aktiven Entgegenkommens des anderen hineinpaßt. Gerade die an sich so phantastische Vorstellung von dem geliebten Partner als einem unbegreiflich gütigen, überaus mächtigen und unendlich reich begüterten König ist geeignet, die Welt der oralen Gehemmtheit, der dauernden

Schuldgefühle für jedes eigene Begehren, aufzubrechen.

So betrachtet, müßte die Müllerstochter jetzt in unendlichem Glück leben. Und tatsächlich mag ihr das neue Leben, die scheinbare Erfüllung all ihrer geheimen Wünsche ohne jedes eigene Dazutun, wie ein Leben im Himmel vorkommen. Und dennoch kann diese Welt nicht bestehen bleiben. Der König, erfahren wir bald schon, kann mit all seinem Entgegenkommen und all seiner Fürsorge doch nicht mehr tun, als der geliebten Händelosen Silberhände zu geben, kostbare, aber nur äußerliche, künstlich aufgesetzte Prothesen des Zugreifens, in denen kein eigenes Leben und kein eigener Wille wohnt.[43] Ja, seine Bemühungen müssen sogar die Gefahr einer liebevollen, aber auf die Dauer erstickenden Abhängigkeit mit sich bringen. So viele Wünsche er seiner Gattin auch erfüllen mag, so nimmt er ihr doch im Grunde damit die eigentliche Aufgabe ab: selber zu lernen, zuzugreifen und eigenständig sich selbst einmal etwas herauszunehmen. Gerade indem er ihr alles Wünschenswerte von sich aus zur Verfügung stellt, verhindert er, daß die Müllerstochter selber von sich aus auf etwas zugeht. In seiner Liebe erfüllt er die passiven Erwartungen seiner geliebten Gattin, und dies allein schon ist im Leben der Müllerstochter als Erfahrung absolut notwendig und richtig; aber auf der anderen Seite hält er sie damit auch passiv. So schön die silbernen Hände sein mögen, die er ihr anfertigt – sie ersparen der Müllerstochter, eigene Organe zum Zugreifen entwickeln zu müssen. Der königliche Gemahl vermag in seiner gottgleichen Rolle also alles zu wirken und zu erreichen – nur nicht, daß seine Geliebte selbständig und eigenständig wird; sie lebt bei ihm in einem Paradies, und doch bleibt sie subjektiv stets die nur gnädig Aufgenommene und Geduldete.

Es liegt an der Art dieser Beziehung selbst, daß sie in dieser Form keinen Bestand haben kann. Denn indem die Müllerstochter in ihrem Gemahl zunächst nur das Gegenbild ihres Vaters erblickt und sich ihm gegenüber in kindlicher Dankbarkeit und Abhängigkeit verhält, mischen sich notwendig in ihre Liebe die alten Kinderängste und Schuldgefühle ein, die sich wegen ihres eigenen Vaters einstellten.[44] In gewissem Sinne müssen diese Ängste jetzt sogar noch zunehmen. Früher, ihrem alten Vater gegenüber, wußte sie, daß sie ein für allemal keine Wünsche haben und äußern durfte; jetzt aber scheint ihr alles zur Verfügung zu stehen, und es sieht jeden Augenblick so aus, als wenn sie wirklich eigene Bedürfnisse zulassen könnte. Tatsächlich bestünden von seiten ihres «Königs» demgegenüber auch keinerlei Schwierigkeiten. Um so größer aber sind die inneren Hemmnisse dagegen. Die Müllerstochter, die sich eigene Wünsche nie erlauben konnte, befindet sich mit einemmal in einer ständigen Versuchungssituation;[45] ständig wirken jetzt Geschenke, Dinge, neue Möglichkeiten auf sie ein und wecken in ihr die verdrängten, unterdrückten Wünsche; und kaum daß solche Vorstellungen sich melden, treten

die alten Verbote in Tätigkeit und überhäufen das «Mädchen ohne Hände» mit den altbekannten Vorwürfen. Der «König» kann noch so großzügig sein – er kommt gegen diese alten Schuldgefühle und Selbstvorwürfe nicht an, die er, ohne es zu wissen, durch sein Verhalten selbst hervorruft und in der Rolle eines königlichen Ersatzvaters unausweichlich auf sich lenken muß. Zwar: er schenkt der Müllerstocher diese oder jene Kostbarkeit; – «aber», so muß das «Mädchen ohne Hände» argwöhnen, «meint er es auch wirklich so, macht er nicht im Grunde doch Vorwürfe, wenn ich das Geschenk annehme? Zwar, er sagt, er hat mich lieb», muß das Mädchen denken; «aber meint er das denn auch so? Wie kann er so etwas Unwertes wie mich denn überhaupt liebhaben? Sagt er mit seinen Worten der Anerkennung nicht eigentlich, ich müßte ganz anders sein, damit er mich liebhaben könnte? Sagt er, wenn er sagt: er liebt mich, nicht eigentlich: er liebt mich nicht?» – An solchen überkommenen Selbstanklagen und Selbstbezichtigungen droht die Liebe zwischen dem König und der Müllerstochter jetzt auf tödliche Weise zu scheitern.

Das Märchen drückt diese Mißverständnisse aus alter Angst, diese permanenten Wortverdrehungen aus uraltem Mißtrauen in einem sehr dichten Bilde aus. Es geht, so schildert es, zwischen den beiden so zu, wie wenn der «König» von seiner Geliebten weit entfernt wäre, um in einem unbekannten Lande Krieg zu führen, und als wenn die Depeschen zwischen ihnen jeweils völlig in ihrem

Sinngehalt verdreht würden. Die Wortverdrehungen sind, wie eigens hervorgehoben wird, rein geistiger Art; d.h., es kann der Wortlaut schwarz auf weiß besagen, was er will; es tritt doch immer wieder von Fall zu Fall der böse Geist dazwischen, der seinerzeit den Bund mit dem Vater geschlossen hat und die eigentliche Schuld an der Verstümmelung des Mädchens trägt.[46] Es sind, mit anderen Worten, die alten, von der Vatergestalt herrührenden Schuldgefühle, die jetzt, auf den «König» übertragen, das Verhältnis stören und schließlich unerträglich machen. Ganz korrekt vermerkt das Märchen, daß dem «König» die Vertauschung der Botschaften unterläuft, während sein «Bote», das Organ kommunikativer Wahrnehmung, «schläft»;[47] die Mißverständnisse ereignen sich also unbewußt, so daß man sie nicht wahrnehmen oder aufklären kann. Im subjektiven Erleben scheint es wirklich so zu sein, als wenn, im Bild gesprochen, bei dem Verhältnis der Müllerstochter zu dem «König» nichts Gutes «herauskommen» könnte, es sei denn ein «Wechselbalg». Die Müllerstochter kann das Schönste sagen und hervorbringen, und der «König» kann das Liebste tun und antworten – es kommt am Ende durch die Intervention des alten Vaterdämons in einer völlig verzerrten und entstellten Form beim anderen an. Die Lage zwischen beiden spitzt sich derart zu, daß schließlich alles darauf hinauszulaufen scheint, daß der «König» seine Frau umbringen will, und zwar nicht selbst, direkt und persönlich, sondern durch einen von weitem in

Auftrag gegebenen, durch seine eigene Mutter ausgeführten Mordanschlag. Es ist, anders ausgedrückt, gerade die mütterlich anmutende Fürsorge des «Königs», die das «Mädchen ohne Hände» zu töten droht. Als Beweis des Todes sollen die ausgestochenen Augen und die abgeschnittene Zunge gelten.

Man wird das so verstehen können, daß die Augenblendung und die Zungenverstümmelung gerade die Mittel sind, um das «Mädchen ohne Hände» umzubringen. Denn die Wirkung der Teufelsintervention besteht ja immer wieder darin, daß die Müllerstochter all das, was sie mit eigenen Augen an Zuwendung und Liebe sieht und erfährt, nicht gelten lassen kann und nicht sehen darf, daß sie sich zugleich jedes eigene Wort verbieten und jedes eigene Urteil untersagen muß, daß sie also gerade in ihrer paradiesischen Umgebung sich umbringen muß.[48] Das Eigenartige, aber psychologisch vollkommen Zutreffende an dem Märchen von dem «Mädchen ohne Hände» liegt besonders darin, daß die übergroße Härte des Vaters das Kind wohl in seiner Entfaltung hemmen und verstümmeln, aber nicht wirklich umbringen konnte; die Härte allein konnte jedes eigene Handeln bereits so früh im Ansatz ersticken, daß die strafenden Instanzen des Überichs nicht in Erscheinung zu treten brauchten: es gab keine zu ahndenden Übertretungen. Die eigentliche Krise, die wirklich tödliche Bedrohung, die de facto bis an den Rand des Selbstmords gehen kann, tritt erst jetzt ein, wo ein eigenes Leben beginnen könnte und müßte und wo doch

die inneren Zwänge und Verbote in der alten Härte und Strenge auf den Plan treten.[49] Erst jetzt entwickeln die Schuldgefühle seitens des Überichs ihre wahrhaft sadistische Qualität.[50] Es gibt aus diesem Getto tödlicher Schuldgefühle keinen anderen Ausweg als denjenigen, den das Mädchen ohne Hände tatsächlich wählt: es muß dieser ganzen Welt, in der es so glücklich hätte sein können, in der äußerlich ihm nichts auf Erden fehlte, den Rücken kehren und allein in sein Leben gehen. Es muß eine Welt, die ihm wie ein Paradies erschien, opfern, um selbst zu leben und sein «Kind», das Bild seines Selbst, seiner eigenen Zukunft, zu retten. Mag es schon schwer gewesen sein, die Fürsorglichkeit der verbietenden Vaterwelt zu verlassen – noch viel schwerer muß es jetzt sein, einer Welt den Rücken zu kehren, in der ihm die Hände silbern zurückgegeben wurden. Wären die Schuldgefühle nicht so tödlich und unerträglich, so würde – ohne diesen Zwang – das Mädchen wohl schwerlich alles fahrenlassen und sich zu diesem äußersten Schritt entschließen. So eigenartig es ist: ohne das Dazwischentreten des «Teufels», ohne das Übermaß an Schuldgefühlen, das jede Gemeinsamkeit untergräbt und alle Annäherung bedrohlich macht, würde dies «Mädchen ohne Hände» wohl nicht bereit sein, alles hinter sich zurückzulassen und sich erneut auf den Weg ins Leben zu begeben. Es ist wie ein endgültiger Abschied, wie ein Weg ohne Wiederkehr, wie das Preisgeben einer Glückswelt für nichts anderes als für das bloße

Überleben. Aber auf jeden Fall werden das Mädchen und sein Kind nicht getötet, der Tötungsanschlag trifft ein Ersatzopfer – wie alle Tieropfer nur stellvertretende Selbstvernichtungen unter der Last der Schuld sind –,[51] die Forderung der Selbstzerstörung läßt sich delegieren. Es ist sehr wichtig, daß das Mädchen bei seinem neuerlichen Aufbruch von dem Gefühl begleitet wird, im Grunde unschuldig zu sein; denn, so erklärt die alte Frau, es ist nicht richtig, «unschuldiges Blut» zu vergießen.[52] Eine Instanz in dem Mädchen gibt es also, die fortan um die Unschuld der Müllerstochter weiß und sich gegen ihre unrechtmäßige Liquidierung zur Wehr setzt. Das «Mädchen ohne Hände» ist nicht mehr bereit zu glauben, daß es an allem schuld sei, daß es stets nur immer allein im Unrecht sei, daß all die Vorwürfe, die es spürt, zu Recht bestünden. Und dieses Gefühl, eigentlich nicht schuldig zu sein, rettet ihm jetzt das Leben.

Im Haus der Gnade

Allerdings steht ihm nun ein Leben voll äußerer Entbehrungen bevor. Der Verzicht auf den Königspalast hinterläßt tiefste Traurigkeit und Wehmut;[53] seinem Kind, diesem Symbol eines eigenen Lebens und einer eigenen Zukunft, gibt das Mädchen in richtiger Ahnung dessen, was nun zu durchleiden ist, den Namen «Schmerzenreich».[54] Wirklich scheint ja das bisherige und jetzt sogar auch das zukünftige Leben in nicht endenwollendes Leid gehüllt zu sein. Und doch leitet gerade die gänzliche Verzweiflung, die vollständige Ausweglosigkeit, die nun folgt, die letzte und entscheidende Wende im Leben des Mädchens ein. Erneut von allen Menschen verlassen, betet es zu Gott. In seiner Armseligkeit, in der es auf nichts und niemanden mehr zählen kann, wird ihm förmlich ein neuer, wesentlicher Standpunkt, die Hinwendung zu einem absoluten Halt jenseits aller menschlichen Hilfserwartungen geradezu aufgezwungen.[55] Es hat bisher erfahren, daß es nicht leben kann, solange es einen absoluten Menschen in seinem Leben gibt, der aus ihm alles herauspreßt und in Wahrheit ein Teufel ist: seinen Vater; es hat umgekehrt erleben müssen, daß es genausogut zum Tode verurteilt ist, wenn es einen anderen Menschen in seinem Leben gibt, der ihm alles schenkt und zur Verfügung stellt und wie ein König, wie ein Gott zu ihm ist. So gelangt es zu einer Einsicht, die in der Tat nur durch viel Leid und Enttäuschung geboren werden kann und die dennoch gerade so den Anfang wirklichen Glücks und den Beginn wirklicher Befreiung von den erdrückenden Schuldgefühlen, Ängsten, Selbstvorwürfen und ewigen Abhängigkeiten bedeutet. Die Erkenntnis reift, daß es weder im Positiven noch im Negativen, daß es überhaupt nicht angeht, irgendeinen anderen Menschen zur Grundlage des eigenen Lebens zu machen; daß alles Menschliche zwischen Verteufelung und Vergöttlichung hin- und hergerissen wird, wenn ihm eine lebensentschei-

dende, absolute Bedeutung zukommt; daß man niemals aus dem sadomasochistischen Kreislauf herauskommt, wenn man dem anderen alles sein und geben muß, damit er leben kann, oder wenn umgekehrt der andere einem die ganze Welt zur Verfügung stellen muß, damit man selber von dem Schuldgefühl entlastet wird, selbst zu leben.

Auch psychologisch wird man nur unterstreichen können, was das Märchen behauptet: ohne den ausdrücklichen Bezug zu Gott, ohne die Gewinnung eines absoluten Haltes bei einer Person, die zu einem steht und kein Mensch ist und sein darf, findet man auch zu einem Leben unter den Menschen nicht zurück.[56] Es geht im wortwörtlichen Sinne an diesem entscheidenden Wendepunkt im Leben des «Mädchens ohne Hände» um die Erfahrung von Gnade. Nach all den Todesängsten und Lebensunmöglichkeiten, nach all den erzwungenen und freiwilligen Selbstopfern bedarf es jetzt einer eminent religiösen Erfahrung: daß man nicht durch das lebt, was man selber tut oder was andere für einen tun, sondern ohne Vorleistungen, gratis. Es ist in Gott und nur in ihm möglich, daß diese Welt zu einem Haus wird, in dem «ein jeder frei wohnt». Und es geht um nichts anderes, als daß endlich auf diese Weise das Gefühl erwacht, «frei» leben zu können, ohne ständig durch eigene und fremde Forderungen mit Schuld überfrachtet zu sein. Kein Mensch kann einem anderen das sagen; niemand kann dem anderen dieses Gefühl einer absoluten Berechtigung geben, denn im Gegenteil bewirken alle guten Absichten

und Werke, wie sich gezeigt hat, nur noch mehr Abhängigkeit und nur noch tödlichere Schuldgefühle. Aber Gott kann durch seinen «Engel», durch seine Art, in unsere Seele einzutreten, uns in dieser Welt zu einem Haus führen, an dessen Tür die Worte stehen: «Hier wohnt ein jeder frei». Und es ist möglich, darin ein neues, unschuldiges Leben zu beginnen, für das die Gestalt der weißgekleideten Jungfrau als Symbol gelten kann.[57] Jetzt auch gilt die Anrede wirklich: «Frau Königin», mit der die jungfräuliche Unschuldsgestalt in dem Haus der Gnade das Mädchen ohne Hände anredet. Denn es ist jetzt ein königliches Selbstgefühl, das in der armen Müllerstochter von einst erwacht oder doch erwachen kann. Ihr «Kind», ihr Selbst, erstarkt fortan und kommt nach langer Wanderschaft und Heimatlosigkeit zur Ruhe. Der «Engel» hilft ihr jetzt, das «Kind» an ihre Brust zu legen und somit ihre eigenen oralen Wünsche und Bedürfnisse anzuerkennen und zu leben.

Man muß lange nach Erzählungen suchen, die so treffend das eigentliche Wunder unseres Lebens beschreiben, wie diese Geschichte von dem «Mädchen ohne Hände». Was uns leben läßt, was sogar wieder das ersetzt und zurückgibt, was uns an Fähigkeiten genommen und zerstört wurde, ist «Gottes Gnade». Die «Frau Königin» erlebt jetzt in dem Haus des «freien Wohnens», wie ihr die Fähigkeit allmählich zuwächst, ohne Schuld etwas in die Hand nehmen zu können, ohne Vorwürfe auch sich selbst einmal etwas herausnehmen zu mögen und selbständig handeln zu dürfen. Was der König, was Menschen überhaupt ihr schenken konnten, waren die Dauerprothesen eines Krüppeldaseins, die ihr Unvermögen von außen ersetzten und damit in Wahrheit als endgültig und unabänderlich festschrieben. Was sie aber von innen her leben und heil werden lassen kann, ist das Gefühl, leben zu dürfen in der absoluten Gnade Gottes. In diesem Umraum der Gnade ist die Welt wie ein Geschenk, und nichts ist von vornherein darin verboten; und also muß es möglich und erlaubt sein, zuzugreifen. Wenn es in der Bibel eine Erzählung davon gibt, wie an einem Teich im «Haus der Gnade», in «Beth-Chesda», ein ganz Vereinsamter, Gehunfähiger seine Bahre nach Hause tragen lernte (Joh 5,1 ff.),[58] so erzählt dies Märchen von dem «Mädchen ohne Hände» von keinem geringeren Wunder; es erzählt, wie ein Mensch seine Hände wiedergebrauchen und seine angsterfüllten Gehemmtheiten überwinden lernt durch das Vertrauen in die Gnadenhaftigkeit seines gesamten Daseins. Nur Gott heilt, was Menschen stören und zerstören können. Das Eigentliche, Schöpferische, das Nicht-zu-Machende, dasjenige, was einfach wächst und reift und gut wird durch Gnade, stammt ganz allein von Gott.

Was Menschen tun können und was nur Gott zu tun vermag

Kann also ein Mensch nichts tun? Ist also alles, was Menschen einander als Rettung ersinnen, vergeblich oder gar auf verhängnisvolle Weise schädlich? Eigentlich ja, meint das Märchen. Die «Gnade» von Menschen, wenn sie absolut gelten soll, tötet durch Demütigung, Abhängigkeit und unaufhörliche Selbstbezichtigungen, Zweideutigkeiten und unausrottbare Mißverständnisse. Und doch ist es nicht so, als wenn es letztlich völlig gleichgültig wäre, was Menschen tun oder nicht tun. Der König, den das Mädchen ohne Hände infolge der unüberwindlichen Mißverständnisse und unbewußten Wortverdrehungen verlassen mußte, weiß naturgemäß überhaupt nicht, was sich abgespielt hat und wie all seine Bemühungen und Liebeserklärungen ins Gegenteil gekehrt wurden. Er kann nur erschrocken und verstört im nachhinein, als alles längst zu spät ist, feststellen, was gewesen ist. Es ist ein Punkt erreicht, wie er in Ingmar Bergmans Film «Szenen einer Ehe» am Schluß in dem Traum anklingt, den die Frau ihrem ehemaligen Gatten erzählt: sie träumte sich als eine Frau ohne Hände, außerstande, zuzugreifen und sich selbst angstfrei ihre Wünsche einzugestehen; dunkel ahnt sie, daß in diesem Traumbild eine Erklärung dafür liegen muß, warum ein Zusammenleben damals nicht möglich war und auch heute (noch) nicht möglich ist.[59] Um überhaupt zusammenzukommen, ist es erst einmal nötig, sich voneinander zu trennen und, wie das Märchen sagt, von keines Menschen Gnaden, aber dafür von Gottes Gnaden frei, unabhängig und selbständig zu leben.[60]

Was Menschen füreinander tun können, wird im glücklichsten Falle gerade das sein, was der König für seine verlorene Gattin tut: er gibt sie nicht verloren; er glaubt an die Chance, sie wiederzufinden; er nimmt wahr, daß sie nur scheinbar tot ist, in Wahrheit aber lebt; tot, so erkennt er, ist nur die rein animalische, hirschgleiche, tierisch-dankbare Kümmerform ihrer Existenz; sie selbst, als Mensch, lebt, und es wird nun alles darauf ankommen, sie zu finden. Das Märchen rechnet mit einer scheinbar äußerst langen Zeit: sieben Jahre! So lange soll es dauern, bis Menschen nach dem Zerbrechen eines gutgemeinten Scheinverhältnisses unter Umständen wirklich zueinander finden. So viel an Zeit und Geduld, an Mühsal des Suchens und an Warten ohne Antwort wird manchmal nötig sein, um jemandem, der zu seinem Leben im Haus der Gnade erwacht, zu folgen und ihn wiederzufinden. Sehr feinsinnig bemerkt das Märchen, daß der König auf die Begegnung mit seiner verlorenen Gattin durch Erfahrungen vorbereitet wird, die dem sehr ähnlich sehen, was auch das

Mädchen ohne Hände erfahren durfte. Er selber muß denken, daß seine geliebte Frau ohne seine Hilfe in der Wildnis der Welt längst verschmachtet und umgekommen sei; aber dabei erlebt er, daß er selbst im Eigentlichen nicht von seiner Hände Werk, sondern von Gott existiert und existieren kann. Die langen Jahre, in denen er keine Nahrung zu sich nimmt, wird man wohl so deuten können, daß er selber für sich an Gewicht verlieren und abnehmen muß, um zu seiner Gemahlin zurückzufinden; er muß lernen, daß er nicht dadurch existiert, daß er gewichtig auftritt und viel, wo nicht alles, zu geben hat, sondern im Gegenteil dadurch, daß alles Wesentliche ihm geschenkt wird.[61] Anders könnte an seiner Seite niemals jemand sich gleichberechtigt und selbständig fühlen. Man findet, meint das Märchen, zueinander, wenn jeder für sich lernt, zu dem Hause hinzufinden, an dessen Eingang steht: «Hier wohnt ein jeder frei»; wenn jeder so viel an Gewicht verliert, daß er *für* die Gnade und *durch* die Gnade frei wird, finden Menschen zueinander.

Die gleiche Weisheit drückt sich denn auch in der Schlußzene aus, wo der König schlafend, mit verdeckten Augen,[62] von seinem Sohne «Schmerzenreich» erkannt wird. Das Kind, das lange Zeit nur wußte, daß es einen Vater hat, der im Himmel wohnt, dieses Kind wird fähig, jetzt einen Menschen als seinen Vater anzuerkennen und lieben zu lernen. Der Vorgang dieser «Entdeckung» wird durch das Bedecken und Wegnehmen des Tüchleins vom Gesicht des schlafenden Königs sehr anschaulich beschrie-

ben. Es hat ja äußerlich sich an den Personen nichts geändert; aber es ist jetzt, wie wenn trennende Vorhänge zwischen ihnen weggenommen würden und sie aus einem tiefen Schlaf, aus einem Leben, das rein unbewußt dahintrieb, zur Wirklichkeit erwachen würden. Der König vermag jetzt nach all den Jahren der Trennung, die doch wie Gottes Fügung sind, wie Schicksalslenkung durch die Hände seines Engels, das «Mädchen ohne Hände» zu vergessen und zu sehen, wer seine Frau jetzt wirklich ist: jemand, der eigene Hände besitzt und seiner künstlichen Prothesen fortan nicht bedarf. Es ist wie eine Auferstehung, wie eine Kommunion, als beide, der König und die arme Müllerstochter, nun von dem Brot des Gottesengels essen[63] und sich hernach gemeinsam auf den Weg zurück begeben. Es wiederholt sich jetzt, was vordem war, und ist doch völlig anders. Zusammenleben heißt jetzt nicht mehr: der eine lebt auf Gnaden – und auf Kosten – eines anderen, der eine ist der Gönner und der andere der Empfänger, der eine ist besitzend und der andere bleibt armselig, der eine triumphiert in Dankbarkeit, der andere aber kommt buchstäblich um vor Dankbarkeit; Zusammenleben heißt jetzt: zusammen leben aus der gleichen Erfahrung einer gemeinsamen Gnade. Die Gestalt der alten Frau, die schon das Mädchen ohne Hände rettete, taucht jetzt noch einmal auf – die ewige Gestalt der Mutter Erde,[64] des mütterlichen Ur- und Hintergrundes, aus dem wir Menschen leben. Die Hochzeit, die sich nun anschließt, das typische Sym-

bol der Einheit und Synthese aller Lebenswidersprüche,[65] vollzieht sich jetzt in Wahrheit: nicht wie vor mehr als sieben Jahren als rituelle Zeremonie oder als Ausdruck einer neuen Aufgabe bzw. einer erbaulichen, moralischen Verpflichtung, sondern als Anfang eines eigentlichen, frohen Lebens.

Das Märchen von dem «Mädchen ohne Hände» liest sich daher als die Beschreibung des schwierigen, jedoch überaus lohnenden Weges, den ein Mensch gehen muß, dem sein ganzes Leben als Schuld und nur als Schuld erscheinen mußte; vor einem Übermaß an Unbarmherzigkeit und Lebenseinschränkung spricht es von einem Übermaß auch an Gnade und an engelgleicher Führung. In wenigen Strichen und Bildern, die ursprünglich der Mondmythologie entstammen, zeigt es, wie Menschen der Daseinsschuld, dem Schuldgefühl, überhaupt auf der Welt zu sein, entkommen können und wie das Leid, die Widersprüche, die Enttäuschungen auf diesem langen Weg gerade die Mittel sind, deren das Leben selber sich bedient, um uns voranzutreiben und unter allen Umständen das Schlimmste zu verhüten: daß wir uns gar zu früh zufriedengäben und uns bei Menschen einzurichten suchen würden, statt zu dem freien Leben in dem Hause einer Gnade hinzufinden, die nicht von Menschen stammt noch stammen kann, weil sie die Menschen allererst zu vollgültigen Menschen macht und miteinander leben läßt – jenseits der Ambivalenzen gegenseitiger Verteufelungen und unmenschlicher Vergöttlichungen.

Anmerkungen

[1] Die Darstellung des Menschenschicksals in der Gestalt des Mondes ist weitverbreitet. Die Griechen z. B. sahen in *Niobe* das dunkle Seelenleid der (Ur-)Frau verkörpert, die zugleich als (dunkle) Mondgöttin galt; vgl. K. KERÉNYI: Niobe (1946), in: Apollon und Niobe, München-Wien 1980, 275. Die «Liebesgeschichte des Himmels» beschrieb E. Siecke wie folgt: «Es war in uralter Zeit… eine treu gemeinte Erzählung oder Rede (ein Mythus) weit verbreitet, beruhend auf Vorgängen am Himmel, die jedem sichtbar sind, daß *Sonne und Mond ein himmlisches, von Natur für einander bestimmtes Paar* seien, wobei die *Sonne* der *Mann*, der *Mond* die *Frau* ist. Er ist von unbesiegbarer Kraft, ein glänzender, unvergleichlicher Held, sie das schönste Weib, welches in der Welt zu finden ist. Sie lieben sich, aber ein unbegreifliches Schicksal, welches auf das Walten einer bösen Macht schließen läßt, verhindert, daß sie ihrer Liebe froh werden. Ihre Schönheit ist am vollkommensten zur Zeit des Vollmondes und naturgemäß sein Liebesverlangen da am heftigsten. Allein sie sind weit von einander entfernt. Sie wollen ihre Vereinigung bewirken und nähern sich einander, aber o weh! die Geliebte fängt alsbald an dahinzuschwinden (oder wird *verwandelt*), und wenn sie endlich beim Bräutigam ankommt, ist sie dem Reiche des Todes verfallen. Sein Schmerz ist groß; er steigt in die Unterwelt hinab, um die Entrissene zurückzuholen. Die dunklen Mächte lassen sich erweichen; er darf sie zurückführen, sie folgt ihm; endlich ist sie wieder ebenso schön und in derselben Lage wie vorher. Aber die böse Macht treibt ihr Spiel von neuem, die Geliebte wird dem Bräutigam wieder entrissen. Der Vorgang erneuert sich fortwährend.» E. SIECKE: Die Liebesgeschichte des Himmels, Untersuchungen zur indogermanischen Sagenkunde, Straß-

burg 1892, S. 3. Dieses Grundmuster der unglückseligen Liebe der Mondgöttin, das in unzähligen Mythen und Märchen wiederkehrt und eine schier endlose Variationsbreite zuläßt, ist vor allem im zweiten Teil des Märchens vom «Mädchen ohne Hände» klar erkennbar. Aber auch der erste Teil gehört bereits zur «Liebesgeschichte des Himmels»; eine zweite Fassung des Märchens besagt, «ein Vater habe seine eigene Tochter zur Frau begehrt und, als diese sich geweigert, ihr Hände und Brüste abschneiden und ein weißes Hemd antun lassen, darauf sie in die Welt fortgejagt». J. BOLTE u. G. POLIVKA: Anmerkungen zu den Kinder- und Hausmärchen der Brüder Grimm, Leipzig 1913, I 295–296. Als der Vater, der seiner schönen Tochter nachstellt, gilt in der indischen Mythologie der Schöpfergott des Nachthimmels, Prajapati (Brahma), der dort der Göttin der Morgenröte, Ushas, nachstellt, die vor ihm in Gestalt einer Gazelle flieht; J. HERBERT: Die Mythologie der Inder, in: P. Grimal (Hrsg.): Mythen der Völker, 3 Bde.; Frankfurt 1967, Bd. 2, S. 74. Als Ushas schließlich ihrem Vater erliegt, bringt sie ein weinendes Kind zur Welt, den Gott Rudra, der «Heuler» genannt wird; V. IONS: Indische Mythologie, Wiesbaden 1967, S. 23; E. DREWERMANN: Strukturen des Bösen. Die jahwistische Urgeschichte in exegetischer, psychologischer und philosophischer Sicht, Paderborn² 1979–80, Bd. 2, S. 332–333. Die Gestalt der Göttin Morgenröte scheint hier nach dem Vorbild der ursprünglicheren Gestalt der Mondgöttin und ihrem Schicksal gestaltet zu sein; E. SIECKE: Die Liebesgeschichte des Himmels, S. 66; der Liebhaber der Mondgöttin ist demnach zum einen der Himmelsgott als ihr Vater, zum anderen der Sonnengott. Das Schicksal der Mondgöttin ist jedoch hier wie dort das gleiche. Der Vater des

Mondes wie der Sonne heißt in der Edda Mundilfari (Edda II, 12: Das Wafthrudnirlied, Str. 22; S. 90; die jüngere Edda: Gylfis Betörung, Str. 11; S. 58).

[2] Der goldende Mond gilt oft selbst als goldener Apfel, der am Weltenbaume hängt; E. SIECKE: Drachenkämpfe. Untersuchungen zur indogermanischen Sagenkunde, Leipzig 1907; Mytholog. Bibliothek I. Bd., Heft 1, S. 92. Insofern ist die Verwechslung des Mondmädchens mit dem Apfelbaum hinter der Mühle wohl nicht rein zufällig; E. BÖKLEN: Adam und Qain. Im Lichte der vergleichenden Mythenforschung, Leipzig 1907, Mytholog. Bibliothek I. Bd., Heft 213, S. 51–61. Tiefenpsychologisch ist der Baum ein weiblich-mütterliches Symbol; E. DREWERMANN: Die Symbolik von Baum und Kreuz in religionsgeschichtlicher und tiefenpsychologischer Betrachtung (unter besonderer Berücksichtigung der mittelamerikanischen Bilderhandschriften), Schwerte 1979 (Veröffentlichung der Kath. Akad. Schwerte, hrsg. v. G. Krems), S. 13–21; DERS.: Strukturen des Bösen, Bd. II 52–69.

[3] Die abgeschlagenen Hände sind in sich ein wichtiges Indiz, um die Motive des Märchens der Mondmythologie zuzuordnen. Die Arme der Mondgöttin werden zumeist als *weißarmig* (vgl. die «leukólenos Hera» bei HOMER: z. B. Ilias XIV 277 u. ö.) oder als *schönarmig* beschrieben; E. SIECKE: Die Liebesgeschichte des Himmels, S. 33. Besonders die *silbernen* Hände sind ein Attribut der Mondgöttin, während die Strahlen der Sonne gern als goldene Arme und Hände abgebildet werden, wie z. B. auf dem berühmten Thronsessel des Königs Tutenchamun; Abb. bei K. LANGE u. M. HIRMER: Ägypten. Architektur, Plastik, Malerei in drei Jahrtausenden, München-Zürich 1967, Abb. XXXV. Aber auch die Mondgöttin kann

als golden geschildert werden; es sind dann zumeist die goldenen *Haare,* die der Mondgöttin, wie im Märchen von «Rapunzel» (KHM 12), abgeschnitten werden und ihr nach der Neumondzeit wieder wachsen. In der germanischen Mythologie wird z. B. die Göttin Gerda, um die der lichte Sommergott Freyer wirbt, beschrieben als «eine Jungfrau, hoch und herrlich und mit Liebreiz geschmückt… Ihre Arme leuchteten gleich dem lebenden Strahle der Sonne, und von ihrer Schönheit glänzten Himmel und Erde. Aber ihre Erscheinung war nur kurz; denn sie öffnete die Türe des Hauses und war alsbald verschwunden.» W. WÄGNER: Nordisch-germanische Götter- und Heldensagen, Leipzig 1934, S. 199; Edda II 4: Das Skirnirlied, Str. 6.

[4] Die Wanderung der Mondgöttin (oder des Mondgottes) ist ein weiteres Kennzeichen des Mondgestirns; E. SIECKE: Drachenkämpfe, S. 38; 70; DERS.: Die Liebesgeschichte des Himmels, S. 30; DERS.: Beiträge zur Erkenntnis des Mondgottheit, S. 6 f.; E. BÖKLEN: Adam und Qain, Mytholog. Bibliothek I. Bd., Heft 2/3, S. 125. Die Richtung der Wanderung der verstümmelten Mondgöttin verläuft von Osten nach Westen, da der abnehmende Mond sein Gesicht dem Westen zuzuwenden scheint; aber er wird immer matter; immer später erhebt er sich abends im Osten, und seine Wanderung am Himmel wird immer kürzer, bis er ganz im Osten am Morgen verschwindet. Der Westen aber ist der Ort der geheimen Vereinigung mit der Sonne in den Tagen des Neumonds.

[5] Die Himmelsnahrung, die der umherirrenden und erschöpften Mondgöttin wieder neue Kraft verleiht und während der drei Nächte des Neumondes gegessen werden muß, wächst am Weltenbaum, «an dessen Zweigen Mond und Sterne (und auch die Sonne) hangen». E. SIECKE: Drachenkämpfe, S. 92; E. BÖKLEN: Adam und Qain, S. 81–82. Die Göttin Iduna z. B. besitzt in der germanischen Mythologie verjüngende Äpfel; E. MUDRAK: Die Sagen der Germanen, 1. Teil: Nordische Götter- und Heldensagen, Reutlingen 1961, S. 52–55; F. NIEDNER u. G. NECKEL: Die jüngere Edda, mit dem sog. ersten grammatischen Traktat, Neudruck: Düsseldorf-Köln 1966 (Thule, Bd. 20), S. 74; Gylfis Betörung, Nr. 26. Der Weltenbaum ist gewöhnlich die Esche, aber es kann «auch ein Birnbaum, nämlich der auf dem Walserfelde» sein; E. SIECKE: Die Liebesgeschichte des Himmels, S. 40.

[6] Die Sonne gilt gemeinhin als ein Krieger gegen die Macht der Dunkelheit; während ihr in manchen Mythen die Tötung des Mondes unmittelbar zugeschrieben wird, sehen andere Mythen den Mond als die Gefangene eines dunklen Drachen, der von dem Sonnenhelden besiegt werden muß; E. SIECKE: Drachen-

kämpfe, S. 9. Nach anderen Vorstellungen gebiert die Mondgöttin immer wieder von neuem ein Kind in Gestalt des neuen Mondes; daher gilt sie mit Vorliebe als Geburtsgöttin; E. SIECKE: Die Liebesgeschichte des Himmels, S. 25.

[7] Sonne und Mond, die in der Zeit des Neumondes an geheimem Ort zusammenkommen, werden sogleich wieder schicksalhaft voneinander getrennt, und erneut beginnt die Wanderung der vertriebenen Mondgöttin. Daß anstelle des (Mond-)Mädchens eine *Hirschkuh* geschlachtet wird, dürfte sich aus der alten Vorstellung erklären, wonach der Mond sich in einen Hirsch oder in ein Reh verwandelt, wobei das Gehörn den Strahlen des Mondes entspricht; E. SIECKE: Über die Bedeutung der Grimmschen Märchen für unser Volksthum, Hamburg 1896, S. 18; DERS.: Die Liebesgeschichte des Himmels, S. 83. HOMER z. B. nannte die Göttin Hera «kuhäugig» (Ilias XIV 159.222.263 u. ö.), und das im Kult der Hera gebräuchliche Opfertier scheint die Kuh gewesen zu sein; K. ZIEGLER u. W. SONTHEIMER (Bearb. u. Hrsg.): Der Kleine Pauly. Lexikon der Antike in 5 Bänden, München 1979, Bd. II 1030 (dtv 5963).

[8] Die Sonne oder der Mond gelten in den Mythen oft als Auge des Himmels; die Erblindung oder das Augenausstechen beschreibt demnach das Unsichtbarwerden des Lichtgestirns. Odin (Wodan), der Himmelsgott, besitzt in der Edda ein Auge, das nie von ihm weicht (die Sonne), und ein anderes, das er verpfändet hat (der Mond); E. SIECKE: Die Liebesgeschichte des Himmels, S. 19. Eine ähnliche Vorstellung kennt die ägyptische Mythologie: Re, der Sonnengott, hatte ein Auge, das einen eigenen Willen besaß und eines Tages nicht zurückkehrte; als Re seine Kinder, den Schu (Luft, Leben) und dessen Gemahlin, die Tefnut (Maat, Wahrheit), aussandte, es zu holen, weigerte es sich und vergoß Tränen vor Zorn, und aus diesen Tränen entstanden die Menschen. – Nach einer anderen Fassung sandte Re den Mondgott Thot aus, aber als das Auge (die Sonne selbst) zurückkehrte, fand es ein anderes Auge (den Mond) an seinem Platz; Re besänftigte das erste Auge, indem es in Gestalt der Uräus-Schlange auf seiner Stirn anbrachte, so wie es von den Pharaonen getragen wurde; V. IONS: Ägyptische Mythologie, Wiesbaden 1968, S. 38; vgl. die ähnliche Begebenheit von Atums Auge und der Schlangengöttin Uto, a. a. O. 24. Die *Tränen* des Mondes, die auch im «Mädchen ohne Hände» eine wichtige Rolle spielen, zeigen den Mond als Spender des Taus und des Regenwassers. Auch diese Vorstellung ist sehr weit verbreitet, und manche Völker, wie die Azteken, sahen im Mond geradewegs ein himmlisches Wassergefäß,

in dem sie das Mondkaninchen (die Mondflecken) oder ein Opfermesser abbildeten; z. B. Codex Borgia, p. 10; p. 18; K. A. NOWOTNY: Codex Borgia, Graz 1976, S. 23; 24.

[9] Auch das Herausschneiden der Zunge kann in der Naturmythologie ein Sinnbild der Mondverfinsterung sein. Die nordamerikanischen Arikara z. B. kennen einen Mythos vom Häuptling Ohne-Zunge, dem der Mond beisteht, die Söhne der Sonne in die Flucht zu schlagen; G. A. KONITZKY (Hrsg.): Nordamerikanische Indianermärchen, Düsseldorf-Köln 1963, S. 122–129. In der griechischen Mythologie schneidet der betrügerische Tereus der treuen und kunstvoll spinnenden Philomele die Zunge heraus; nicht nur durch das Motiv des Spinnens, sondern vor allem dadurch, daß Philomele später in eine Schwalbe verwandelt wird, gibt sie sich als eine Mondgestalt zu erkennen; OVID: Metamorphosen VI 422–674; E. DREWERMANN: Strukturen des Bösen, II 378–380; E. SIECKE: Drachenkämpfe, S. 68, Anm. 4. Das Motiv der (tödlichen) Verwundung und der Selbstheilung gehört so fest zur Mondmythologie, daß der Mond oft als Heilgott gilt; E. SIECKE: Drachenkämpfe, 7, Anm.

[10] Allgemein gilt, daß das Bewußtsein des Menschen von sich selbst auf äußeren Modellvorstellungen beruht. Der Mensch kann daher, wie heute noch auf der Molukkeninsel Ceram, sein Dasein nach dem Vorbild des Mondes und der Kokospalme deuten; A. E. JENSEN: Die getötete Gottheit. Weltbild einer frühen Kultur, Stuttgart-Berlin-Köln-Mainz 1966 (Urban Tb. 90), S. 47–52; er kann sich nach dem Vorbild der Maschine verstehen; J. O. LAMETTRIE: L'homme machine, 1748, dt.: 1875; und er kann, wie heute, das Modell des Computers wählen; J. WEIZENBAUM: Die Macht der Computer und die Ohnmacht der Vernunft, Frankfurt 1977, S. 13–32. Natürlich ist die Wahl der jeweiligen Modelle von der natürlichen und vor allem sozialen Umwelt abhängig. Dennoch geht es zweifellos zu weit, wenn die funktionalistische Schule der Soziologie die Deutung des menschlichen Daseins nach dem Vorbild der Natur in den Mythen als Soziokosmismus versteht, so als werde in «primitiven» Gesellschaften die soziale Ordnung in die Natur projiziert, um sie vermittels der Projektion von rückwärts her zu stabilisieren; E. TOPITSCH: Das Ende der Metaphysik, Wien 1958, S. 30–32; 57–70. Vielmehr wissen die sog. Primitivkulturen, daß die Menschen, um zu leben, einer vorgegebenen Ordnung bedürfen, und sie entdecken diese Ordnung, die zugleich die Ordnung ihres Herzens ist, in den Dingen, den Pflanzen und den Tieren, vor allem aber im Gang der Gestirne.

[11] Die Mythologie ist, tiefenpsychologisch betrachtet, eine «projizierte Psychologie, und zwar unbewußte Psychologie; denn die Mythen wurden und werden nie ersonnen, sondern entstammen dem Unbewußten des Menschen»; C.G. JUNG: Versuch einer Darstellung der psychoanalytischen Theorie (1913), in: Ges. Werke IV, S. 238. Im Grunde sind die Mythen zunächst Träume, und entsprechend müssen sie auch als Träume ausgelegt werden. Zu der Art, wie aus den Träumen eines einzelnen die Mythen eines Stammes werden, sowie über die Zusammenschlüsse von Schamanen zu Traumgenossenschaften vgl. das Beispiel der nordamerikanischen Prärieindianer; W. MÜLLER: Glauben und Denken der Sioux. Zur Gestalt archaischer Weltbilder, Berlin[2] 1970, S. 91–92.

[12] *Der Wald* ist in den Träumen und Mythen ein Symbol des Unbewußten, Ursprünglichen, Dunklen, Weiblichen; als Ort der psychischen Wiedergeburt ist er «das Ziel der Erlösungssehnsucht»; C.G. JUNG: Die psychologischen Aspekte des Mutterarchetypus (1939), in: Ges. Werke IX 1, S. 96. Für S. Freud galt der Wald als ein weibliches Symbol der Genitalbehaarung; S. FREUD: Die Traumdeutung (1900), in: Ges. Werke II/III, S. 371.

[13] Mit «*Schatten*» ist in der komplexen Psychologie C.G. Jungs das verdrängte oder undifferenziert gebliebene psychische Material des persönlichen Unbewußten gemeint; C.G. JUNG: Über die Psychologie des Unbewußten (1943), in: Ges. Werke VII, S. 58.

[14] Der Begriff des *Hintergängers* wurde von L. Szondi eingeführt und meint dort das Ensemble der Hintergrundstrebungen, die aufgrund eines familiären erbbedingten Wahlzwangs von den stärkeren Vordergrundstrebungen der gegensätzlichen Triebtendenzen überlagert werden; L. SZONDI: Triebpathologie. 1. Bd.: Elemente der exakten Triebpsychologie und Triebpsychiatrie, Bern 1952, S. 26–27. Der Begriff des Hintergängers umfaßt inhaltlich das, was bei C.G. Jung als Schatten bezeichnet wird; allerdings begründet Szondi den Verdrängungsvorgang, der zur Herausbildung des Schattens führt, nicht psychodynamisch, sondern genetisch, und so glücklich die Bezeichnung «Hintergänger» ist, so problematisch ist die Annahme eines biologischen Zwangs, die gegensätzlichen Triebbedürfnisse in einer bestimmten schicksalhaft vorgegebenen Richtung auflösen zu müssen; vgl. E. DREWERMANN: Strukturen des Bösen, Bd. II, S. 257–262. M.L. VON FRANZ: The Feminine in Fairy Tales, New York 1974; dt.: Das Weibliche im Märchen; übers. v. J. v. Graevenitz, Stuttgart 1977, sieht in dem «Müller» die Verkörperung einer einseitig technischen Intelligenz, die zur Routine erstarrt und zum Verlust der Seele führt (S. 77); die subjekta-

le Deutung wird aber der eigentlichen Spannung *zwischen* Vater und Tochter nicht genügend gerecht.

[15] Die Gestalt des vom Tode bedrohten und gegen alle Anfechtungen schließlich geretteten Mädchens erscheint in den Mythen der Völker sowohl im Schicksal der Mondgöttin als auch in der Jungfrau, die das Schicksal der Feldfrüchte verkörpert: der Kore Persephone bei den Griechen oder der Mulua Hainuwele auf Ceram; A.E. JENSEN: Die getötete Gottheit. Weltbild einer frühen Kultur, S. 47–52. Das göttliche Mädchen verkörpert tiefenpsychologisch, vom Manne her betrachtet, einen Aspekt der anima, der weiblichen Seite seiner Psyche; C.G. JUNG: Zum psychologischen Aspekt der Korefigur (1941), in: Ges. Werke IX 1, S. 215. Zur religionsgeschichtlichen Bedeutung des göttlichen Mädchens vgl. K. KERÉNYI – C.G. JUNG: Das göttliche Mädchen. Die Hauptgestalt der Mysterien von Eleusis in mythologischer und psychologischer Beleuchtung, Amsterdam-Leipzig 1941; Albae Vigiliae, Heft VIII–IX.

[16] Mit «*anima*» hat C.G. Jung die «Frau im Manne» bezeichnet. Die Inhalte der anima ergeben sich aus dem Kontrast zur persona, zur Berufsmaske; die Gestalt der anima verkörpert daher das unbewußte Gegenstück zu der Anpassung des Ichs an die Erfordernisse der sozialen Umwelt. Insofern diese Erfordernisse überindividuell sind, ist auch die anima keine individuelle Gestalt mehr, sondern schon ein Teil des kollektiven Unbewußten. C.G. JUNG: Die Beziehungen zwischen dem Ich und dem Unbewußten (1928), in: Ges. Werke VII, S. 207–232; E. DREWERMANN: Strukturen des Bösen, Bd. II, S. 28; 50–51.

[17] Das «*Selbst*» ist terminologisch unbedingt vom Begriff des «Ich» in der Psychologie C.G. Jungs zu unterscheiden. Es bezeichnet die Gesamtpersönlichkeit, die aus der Vereinigung des Bewußtseins und des Unbewußten hervorgeht. Das «Selbst» ist insofern ein transzendenter Begriff, der empirisch (nicht theologisch!) mit dem Gottesbild koinzidiert; C.G. JUNG: Antwort auf Hiob (1952), in: Ges. Werke XI, S. 503. Zum Unterschied zwischen psychologischem und theologischem Sprechen von Gott vgl. E. DREWERMANN: Strukturen des Bösen, Bd. II, S. 26–38.

[18] Der Verkauf der «*Seele*» ist identisch mit dem Verlust der anima und ergibt sich aus einem zu großen Zwang zur Außenanpassung. Gerade eine nach außen hin besonders erfolgreiche, mächtige und einflußreiche Persönlichkeit ist stets in der Gefahr, die Geltung nach außen mit einem Verlust der Seele im Inneren bezahlen zu müssen und über dem Streben nach materieller oder idealer Anerkennung seelisch immer oberflächlicher, gefühlskälter, unlebendiger und gezwungener zu werden. Wörtlich gilt hier die

Mahnung des Evangeliums: «Was nützt es dem Menschen, wenn er die ganze Welt gewinnt, aber Schaden an seiner Seele leidet?» (Mt 10,26) Die scheinbar absolute Verfügungsgewalt nach außen korrespondiert dann mit einer absoluten Unfreiheit und Unbewußtheit im Inneren. Ein gutes Beispiel dafür ist in den Märchen die Geschichte vom «Rumpelstilzchen» (KHM 55), die schildert, wie eine arme Müllerstochter sich zur Königin emporarbeitet, aber ihr «Kind», ihr «Selbst» dabei zu verlieren droht.

[19] Auch der *Teufel* ist zunächst eine *psychologische,* empirische Gestalt der Mythen und der Märchen. Er vertritt in der Seele diejenigen Teile, die auf Grund ihrer Verdrängung oder Abspaltung als in sich böse erscheinen. Daher kann der Teufel das Auftreten des Schattens, der anima oder bestimmter isolierter Partialtriebe beschreiben, wobei er in verschiedener Gestalt, als Tier, als Hexe, als eingesperrter Geist oder als Mischwesen aus alledem erscheinen kann. Von diesem psychologischen, empirischen Begriff des Bösen oder des Teufels ist der *theologische* Begriff des metaphysisch Bösen sorgfältig zu unterscheiden; E. DREWERMANN: Strukturen des Bösen, Bd. I: Die jahwistische Urgeschichte in exegetischer Sicht, Paderborn[2] 1979, S. LXXII–LXXVI; Bd. 2: Die jahwistische Urgeschichte in psychoanalytischer Sicht, Paderborn[2] 1980, S. 146–152; Bd. 3: Die jahwistische Urgeschichte in philosophischer Sicht, Paderborn[2] 1980, S. 132–137; 157–166.

[20] Ein Problem der Mährcheninterpretation besteht stets in der Frage, welch eine Gestalt in der jeweiligen Geschichte als *die zentrale Persönlichkeit* zu verstehen ist; aus ihrer Sicht und mit ihren Augen sind die einzelnen Personen und jeweiligen Ereignisse zu deuten. Dabei ist auf zwei Stufen zu verfahren: auf der *Objektstufe* der Deutung sind die anderen Personen: Vater, Mutter, Brüder etc. als reale Gestalten zu verstehen; auf der *Subjektstufe* ist die gesamte Handlung eines Märchens oder eines Mythos, wie bei einem Traum, als innere Bewegung der übergeordneten Persönlichkeit zu interpretieren. Die Deutung eines Märchens oder eines Traumes kann, je nach dem Standpunkt der Interpretation, sehr unterschiedlich ausfallen; die objektale wie die subjektale Deutung schließen sich indessen nicht aus, sondern bedingen und ergänzen einander: in den Gestalten der Träume leben *auch* die Erinnerungen an reale Persönlichkeiten und Erfahrungen fort, und die innere Einstellung wiederum prägt das reale Erleben. Zum Unterschied von objektaler und subjektaler Deutung vgl. H. SCHULTZ-HENCKE: Lehrbuch der Traumanalyse (1949), Stuttgart 1968, S. 115; 262–265; E. DREWERMANN: Strukturen des Bösen, Bd. I, S. XXXV–XLV;

44

Bd. II, S. 17–38: am Beispiel der Paradieserzählung, u. ö. Das Märchen vom «Mädchen ohne Hände» ist mit der Schilderung der Kindheitsgeschichte des «Mädchens» für eine objektale Deutung besonders geeignet, während die subjektale Interpretation vor allem bei denjenigen Märchen zu empfehlen ist, die bei den Problemen einer erwachsenen Persönlichkeit beginnen. M. L. VON FRANZ: Das Weibliche im Märchen, 71–94, zeigt mit ihrer ausschließlich subjektalen Deutung des Märchens, daß sie die spezifisch oralen Schuldgefühle des Mädchens nicht aufgreifen kann.

[21] Zu der symbolischen *Gleichung von Frau und Baum* s. o. Anm. 2. Neben der weiblichen Symbolbedeutung enthält der Baum freilich oft auch eine phallisch-männliche Bedeutung; E. DREWERMANN: Strukturen des Bösen, Bd. II, 104–108; S. FREUD: Vorlesungen zur Einführung in die Psychoanalyse (1917), in: Ges. Werke XI, S. 156. Ähnliche Verwechslungen geschehen oft zwischen dem eigenen Kind und einem Haustier, wie in der biblischen Geschichte von Jephtes Tochter (Ri 11,30–40).

[22] Gerade die *Ambivalenz der Gefühle* gegenüber den wesentlichen Bezugspersonen der Kindheit ist die eigentliche Quelle späterer psychoneurotischer Konflikte. So meint S. Freud vor allem von den Zwangsneurotikern, «daß in ihren Objektbeziehungen Liebe und Haß einander die Waage» hielten; S. FREUD: Über weibliche Sexualität (1931), in: Ges. Werke XIV, S. 528.

[23] Von dem allmächtig erscheinenden unheimlich-dämonischen *Einfluß der Vatergestalt* auf das spätere Leben meinte C. G. Jung: «Wenn wir je eine dämonische Schicksalsmacht am Werke sehen wollen, so sehen wir sie hier in diesen düsteren und schweigsamen Tragödien, die sich langsam und qualvoll in den kranken Seelen unserer Neurotiker vollenden… Oft heißen wir sie die Hand Gottes oder des Teufels und drücken damit einen psychologisch höchst wichtigen Faktor unbewußt richtig aus, nämlich die Tatsache, daß der das Leben unserer Seele gestaltende Zwang den Charakter einer autonomen Persönlichkeit hat…»; «Die Personifikation des Zwanges geht zunächst auf den Vater zurück, weshalb *Freud* der Ansicht ist, daß alle derartigen ‹göttlichen› Gestalten ursprünglich im Vaterbild wurzeln.» C. G. JUNG: Die Bedeutung des Vaters für das Schicksal des Einzelnen (1909), in: Ges. Werke IV, S. 363; 364; DERS.: Die psychologischen Grundlagen des Geisterglaubens (1928), in Ges. Werke VIII, S. 344; 357. Freilich sah Jung in der Gestalt des Vaters nicht nur einen Niederschlag frühkindlicher Individualerinnerungen, sondern einen Archetypus des kollektiven Unbewuß-

ten, von dem her der überragende Einfluß des Vaters in der Kindheit allererst verständlich zu machen sei. Zur Vatergestalt in einer Teufelsvision vgl. S. FREUD: Eine Teufelsneurose im siebzehnten Jahrhundert (1923), in: Ges. Werke XIII, S. 331, wo Freud vor allem die Ambivalenz des Vaters als Teufel *und* Gott hervorhebt.

[24] Zum oral-kaptativen Antriebserleben vgl. H. SCHULTZ-HENCKE: Lehrbuch der analytischen Psychotherapie (1951), Stuttgart 1965, S. 25–28.

[25] Die *depressive Neurose* wird wesentlich durch eine Gehemmtheit im oralen Bereich verursacht; A. DÜHRSSEN: Psychogene Erkrankungen bei Kindern und Jugendlichen, Göttingen 1954, S. 84–86.

[26] Die *Mandalas* sind archetypische Ordnungssymbole. «Sie bannen und beschwören als Zauberkreise die gesetzlosen Mächte der Dunkelwelt und bilden eine Ordnung ab oder erzeugen eine solche, welche das Chaos in einen Kosmos wandelt.» C. G. JUNG: Aion. Beiträge zur Symbolik des Selbst (Untersuchungen zur Symbolgeschichte, 1951), in: Ges. Werke IX 2, S. 41; DERS.: Über Mandalasymbolik (1938), in: Ges. Werke IX 1, S. 375–407.

[27] Die Anerkennung durch die Elterninstanz, später durch das Überich, ist die narzißtische Belohnung, welche die objektiven Einschränkungen allererst erträglich macht. Auch hierbei ist jedoch die Ambivalenz von Haß und Liebe gegenüber dem Vater (und damit der Identifikation gegenüber dem eigenen Ich) entscheidend. Zu dem Zusammenhang von Ambivalenz, Narzißmus und Libidoregression vgl. S. FREUD: Trauer und Melancholie (1916), in: Ges. Werke X, S. 444–445.

[28] Das Wechselspiel von Hemmung und *Haltung* spielt vor allem in der Neopsychoanalyse der Schule von H. Schultz-Hencke eine zentrale Rolle. Ein Triebbedürfnis wird nicht einfach gehemmt; es bleiben vielmehr Reste übrig, die trotz der Verdrängung bzw. an der Stelle der Verdrängung das Erleben emotional tönen und die Handlungen unbewußt leiten. «Man könnte diese Haltungen Sprengstücke des Unbewußten nennen, die nun verhüllt, zäh und intensiv ihre Wirkung entfalten. Der von solchen Haltungen erfüllte Mensch wird durch sie geführt, wie der Zugvogel von seinem Instinkt.» H. SCHULTZ-HENCKE: Der gehemmte Mensch. Entwurf eines Lehrbuches der Neo-Psychoanalyse (1940), Stuttgart² 1967, S. 63. Der oral Gehemmte z. B., der um keinen Preis dem anderen lästig werden will, gibt durch seine Hilflosigkeit und durch das Mitleid, das er erregt, oft genug deutlicher als durch direktes Bitten zu verstehen, welche Art von Zuwendung oder Dienstleistung er vom anderen bekommen möchte; während er subjektiv alles

tut, seinen eigentlichen Wunsch zu unterdrücken – bzw. ihn im Ansatz bereits schon nicht mehr erlebt –, drückt er um so mehr durch sein Verhalten aus, was er im Grunde will.

[29] Subjektiv waltet hier eine Art innerer Gerechtigkeit. Das Mädchen, das sich bisher für all seine Entbehrungen und Opfer durch das Gefühl, ein *gutes* Kind zu sein, belohnen konnte, erwartet in gewissem Sinne ganz zu Recht, daß ihm auch von außen eines Tages die gleiche Wertschätzung entgegengebracht werde, die es im Urteil seines Überichs die ganze Zeit über für sich bereithielt. Der Vater scheidet freilich als Adressat dieses Wunsches aufgrund der inneren Ambivalenz aus: mochte das Mädchen seinen Vater ehemals noch so sehr lieben und sich von ihm abhängig fühlen, so ist es doch in seinem eigenen Urteil aufgrund des Selbstopfers der Hände moralisch inzwischen weit über ihn hinausgewachsen, und der wirklich Abhängige ist letztlich nicht mehr das Kind, sondern sein Vater. Wohl hat das Mädchen bislang auf masochistische Weise lernen müssen, daß es nur durch Selbstverstümmelung und Leid ein gutes Gewissen behalten kann; aber jetzt vermag es doch seinen Stolz darein zu setzen, fortan niemanden mehr, am wenigsten aber seinen Vater, noch für sich selber gebrauchen zu müssen. Die Haltungsseite dieses masochistischen Triumphes der Bedürfnislosigkeit besteht indessen in der offen ausgesprochenen Erwartung fremden Mitleids – eine Rechnung, die oft genug auch aufgeht im Sinne dessen, was S. Freud als sekundären Krankheitsgewinn bezeichnete: S. FREUD: Bruchstücke einer Hysterie-Analyse («Dora») (1905), in: Ges. Werke V, S. 202–205. Als Modell dafür darf das Freudsche Bild von dem Arbeiter gelten, der durch einen Unfall zum Krüppel wird, aber nun als Bettler aufgrund seiner Verstümmelung mehr zum Lebensunterhalt verdient als früher durch tüchtige Arbeit; S. FREUD: Vorlesungen zur Einführung in die Psychoanalyse (1917), in: Ges. Werke XI, S. 399. Man muß sich allerdings dabei sagen, daß die «Absicht» zur Krankheit und zum Krankheitsgewinn *unbewußt* bleibt. Was das Märchen an dieser Stelle als Entschluß beschreibt, ist eine objektive Wiedergabe der Haltung, z. T. auch wohl ein Stück subjektiven Wunschdenkens, aber nicht so etwas wie ein Trick oder gar wie eine bewußte Hinterlist.

[30] Das *Wasser* ist – zusammen mit dem Baum und dem (Paradieses-)Garten – ein archetypisches Bild der Mutter, des Ursprungs, der Wiedergeburt im Unbewußten. Die Mutter ist «das Gütige, Hegende, Tragende, Wachstum-, Fruchtbarkeit- und Nahrungspendende; die Stätte der magischen Verwandlung»; C. G. JUNG: Die psychologischen Aspekte des Mutter-

archetypus (1939), in: Ges. Werke IX 1, S. 97. In diese dem Vater geradewegs entgegengesetzte Welt muß das Mädchen eintauchen, um zu sich selbst zu finden. Was am Anfang des Märchens der Kreis, das Mandala-Symbol andeutet, wird jetzt im abgeschiedenen Bezirk des Gartens ausgeführt und später in dem Haus in der Wildnis Wirklichkeit.

[31] Der *Engel* ist offensichtlich das Gegenbild zu dem Teufelsaspekt des Vaters und an dieser Stelle des Märchens in eins mit der Baum- und Mandalasymbolik eine Mutterimago; vgl. C. G. JUNG: Zur Empirie des Individuationsprozesses (1934), in: Ges. Werke IX 1, S. 342–343. Subjektal aber ist der Engel auch als Gotteserscheinung zu deuten, als Verkörperung des Selbst (s. o. Anm. 17); C. G. JUNG: Über Wiedergeburt (1940), in: Ges. Werke IX 1, S. 157–158. Der Engel ist daher auch als die Persönlichkeit zu verstehen, die zeigt, wozu ein Mensch eigentlich berufen ist; der Engel ist die Verkörperung der eigenen Wesensgestalt, und sein Wort hat, wie in der Bibel in Apg 12,1–17, eine absolut befreiende, richtungweisende Kraft; seine Sprache ist die Stimme des Wesensgewissens, und sein Beistand ist unentbehrlich, um das Vertrauen und die Aufmerksamkeit des Bewußtseins von den äußeren Bindungen weg nach innen zu lenken und in der Wahrheit des eigenen Wesens und Weges festzumachen. – Das psychologisch-empirische Sprechen von der Erscheinungsweise und der Funktion der Engelgestalt in den Träumen und Märchen ist natürlich wiederum von der theologischen Frage nach der objektiven Existenz von Engeln auch unabhängig von den Spiegelungen der menschlichen Psyche wohl zu unterscheiden.

[32] Die *Regression* der psychischen Energie auf frühere Stufen der Entwicklung erfolgt in Richtung derjenigen Stellen, die zuvor *fixiert* worden sind. Zwischen Fixierung und Regression besteht ein Wechselverhältnis: je stärker die Fixierung, desto wahrscheinlicher später die Regression auf die fixierte Stelle der Triebentwicklung; S. FREUD: Vorlesungen zur Einführung in die Psychoanalyse (1917), in: Ges. Werke XI, S. 353. Das Mädchen, dem es untersagt wurde, selber zu nehmen und zuzulangen, muß an der Stelle seiner Entwicklung anknüpfen, auf der es alles von selbst in den Mund gesteckt bekam, auch ohne selber zugreifen zu müssen; es muß im Kontrast zu seinen Entbehrungen das Erleben des Säuglings wiederbeleben, um selber zu leben. – Der Gegensatz von oraler Entbehrung und kompensatorischer Wunschphantasie kommt sehr deutlich vor allem im Märchen von «Hänsel und Gretel» (KHM 15) zum Ausdruck, dort allerdings so, daß nicht der Vater als Teufel, sondern die Mutter selbst als verbietende Hexe erscheint.

[33] Der Begriff der *Regression* wird heute vor allem in politischem Kontext und unter dem Einfluß der einseitig zukunftsorientierten Philosophie von E. Bloch (vgl. E. BLOCH: Das Prinzip Hoffnung, 1953; Frankfurt 1959, stw 3, 1. Bd. S. 63–71; 155–161 über die Archetypenlehre Jungs) zumeist rein negativ im Sinne von «Reaktion» oder «Flucht» verstanden. In Wahrheit besagt «Regression» lediglich, «daß der Patient in seinen Kindheitserinnerungen sich selbst sucht... Seine Entwicklung war bisher einseitig; wesentliche Teile der Persönlichkeit blieben unberücksichtigt... Daher muß er zurückgehen.» C. G. JUNG: Einige Aspekte der modernen Psychotherapie (1930), in: Ges. Werke XVI, S. 34. S. u. Anm. 42.

[34] Die Unterscheidung zwischen einer *vorambivalenten* und einer *ambivalenten (sadistisch-kannibalistischen)* Phase der *oralen* Entwicklungsstufe geht auf den Freud-Schüler K. Abraham zurück und wurde zum Verständnis der Genese der psychoneurotischen Depression unerläßlich; K. ABRAHAM: Versuch einer Entwicklungsgeschichte der Libido aufgrund der Psychoanalyse seelischer Störungen (1924), in: Psychoanalytische Studien zur Charakterbildung und andere Schriften, hrsg. v. J. Cremerius, Frankfurt 1969, S. 113–183; M. KLEIN: Die Trauer und ihre Beziehung zu manisch-depressiven Zuständen (1940), in: Das Seelenleben des Kleinkindes und andere Beiträge zur Psychoanalyse, hrsg. v. A. Thorner, Stuttgart 1962, S. 72–100; E. DREWERMANN: Strukturen des Bösen, Bd. II, S. 188–202.

[35] *Psychoanalytisch* (nicht theologisch) ist die biblische *Sündenfallgeschichte* (Gen 3,1–7) eine Geschichte der *oralen* Ambivalenz und des sich daraus ergebenden Schuldgefühls, bereits durch das bloße Dasein schuldig zu sein. Vgl. E. DREWERMANN: Strukturen des Bösen, Bd. II, S. 178–202; 235–236; 541–542; 594–615. Insofern gerade die schwerste Form des Schuldgefühls in Gestalt des *depressiven* Erlebens ihren Anfang in der frühkindlichen oralen Phase nimmt, ist es religionspsychologisch außerordentlich wichtig, daß die Symbolik der Erlösung sakramental in einem neuerlichen Akt des *Essens*, in einem Gegenbild zur Sündenfallerzählung besteht; vgl. E. STORCK: Alte und neue Schöpfung in den Märchen der Brüder Grimm, Bietigheim 1977, S. 320. Von daher hat das Märchen recht, wenn es schildert, daß erst die Umkehrung der Sündenfallerzählung, der Mut zum eigenen Dasein am Anleitung des Engels, die Rettung des «Mädchens ohne Hände» einleitet. – M. L. VON FRANZ: Das Weibliche im Märchen, 81–82, weist wohl auf die offenkundige Parallele zur Paradieserzählung hin, sie versteht aber das «Paradies» und den «Sündenfall» als die prometheische Tat der Be-

wußtwerdung. Diese von C. G. Jung immer wieder vertretene Deutung wird weder der spezifisch oralen Thematik der Erzählung noch der Aussageabsicht der Bibel gerecht.

[36] Besonders C. G. Jung hat immer wieder hervorgehoben, daß die Psychotherapie nicht umhin kann, den Patienten in gewisser Weise zum *Bösen* zu verführen, um die Schattenseite des Lebens kennenzulernen und, soweit als möglich, zu integrieren. C. G. JUNG: Gut und Böse in der analytischen Psychologie (1959), in: Ges. Werke X, S. 497–510. Daher erschien ihm die jahwistische Sündenfallerzählung als ein «therapeutischer Mythus», der zeige, daß das Gute wie das Böse zum Leben gehören und in ihrer Gegensätzlichkeit dem Leben seine Energie verleihen. C. G. JUNG: Versuch einer psychologischen Deutung des Trinitätsdogmas (1942), in: Ges. Werke XI, S. 213–214. Zweifellos meint die biblische Geschichte *theologisch* mit dem Abfall von Gott gerade nicht eine tiefere Vereinigung des Bewußtseins mit dem Unbewußten, sondern sie schildert, wie der Mensch in ein Dasein der *Angst* stürzt, innerhalb dessen die innerseelischen Spaltungsvorgänge unvermeidlich werden, die die Neurose kennzeichnen; E. DREWERMANN: Strukturen des Bösen, Bd. II, S. 136–139; 146–152; Bd. III, S. 137–144; 157–166. *Psychologisch* aber wird man der Meinung C. G. Jungs zustimmen müssen, daß die Menschen aus den Verwirrungen des Lebens nur zu sich selbst finden können, wenn sie den Mut aufbringen, u. U. in moralischem Sinne schuldig zu werden; und unendlich schwerer als die Schuld, bestimmte moralische Gesetze übertreten zu haben, ist die Schuld, am Ende womöglich durch ein Leben sittenstrenger Reinheit sich und den anderen alles schuldig geblieben zu sein. An dieser existentiellen Problematik jenseits der Moral beginnt die eigentlich *theologische* Ebene des Sprechens von Gut und Böse. Vgl. E. DREWERMANN: Von der Unmoral der Psychotherapie, oder: von der Notwendigkeit einer Suspension des Ethischen im Religiösen, Wien 1981, Arzt und Christ, Heft 3.

[37] Das *depressive* Erleben, bei jedem Akt oraler Aneignung im Grunde einen Diebstahl zu begehen, der nicht wiedergutzumachen ist und auf der Stelle die Verurteilung und Ausweisung von allen, Göttern wie Menschen, nach sich zieht – dieses Erleben tritt in zahlreichen Urzeitmythen der Völker immer wieder auffallend deutlich zutage; vgl. die Sündenfallerzählungen der afrikanischen Bassari oder der mittelamerikanischen Maya: E. DREWERMANN: Strukturen des Bösen, Bd. I, S. 27–29; Bd. II, S. 108; R. JOCKEL: Götter und Dämonen. Mythen der Völker, Darmstadt 1953, S. 445–456; W. KRICKEBERG: Märchen der Azteken

und Inkaperuaner, Maya und Muisca, hrsg. u. übertr. v. W. Krickeberg (1928), Düsseldorf-Köln 1968, S. 131.

[38] Psychoanalytisch muß man von einer *antithetischen Idealbildung* sprechen, die jetzt narzißtisch auf den Geliebten projiziert wird. Zur antithetischen Übertragungsliebe vgl. E. DREWERMANN: Ehe – tiefenpsychologische Erkenntnisse für Dogmatik und Moraltheologie, Regensburg 1980, Renovatio, Jg. 36, Heft 2, S. 60–64.

[39] Im Grunde tritt der Geliebte damit – ähnlich wie der Psychotherapeut – in Erwartungen ein, die in ihrer Bedingungslosigkeit sein menschliches Vermögen bei weitem übersteigen. Zu der Analogie zwischen christlicher Erlösungslehre und psychotherapeutischer Erfahrung vgl. E. DREWERMANN: Strukturen des Bösen, Bd. II, S. 577–586.

[40] Zur religiösen Dimension der Übertragungsproblematik in Psychotherapie und Ehe vgl. E. DREWERMANN: Ehe – tiefenpsychologische Erkenntnisse für Dogmatik und Moraltheologie, Renovatio, Jg. 36, Heft 3, S. 116–119.

[41] Die «Drehbühne» ist ein sehr treffender Ausdruck, mit dem L. Szondi den Wechsel von Vorder- und Hintergänger bezeichnete; s. o. Anm. 14.

[42] Die Regression ist nicht nur eine Rückwärtsbewegung, sondern zugleich auch ein Wiederanknüpfen und Neubeleben, s. o. Anm. 33. Die Zwischenform zwischen Traum und Wirklichkeit zeigt sich sehr schön in der Unsicherheit, mit welcher der Priester in dem Garten das Mädchen fragt, ob es ein Geist sei oder ein Mensch. Das Mädchen hat bislang aufgrund seiner schweren oralen Gehemmtheiten wie ein Geist, gewissermaßen körperlos und jedenfalls völlig anspruchslos leben müssen; es erhält jetzt sozusagen einen Leib zurück, aber es geschieht ihm wie im Traume, denn die erzwungene Körperlosigkeit und Vergeistigung war bisher seine Realität.

[43] Tatsächlich nimmt der König sogar mit dem guten Willen seiner Liebe dem Mädchen die Aufgabe ab, ein eigenes Zugreifen als erlaubt zu empfinden und entsprechend zu lernen. So überspringt er mit seiner Fürsorge die Distanz und Neutralität, die einen therapeutischen Prozeß, vermittelt durch seine Zuneigung, einleiten könnte.

[44] Die Ambivalenz der introjizierten Vaterimago bedingt, daß das Mädchen dem König stets nach Art einer ebenso geliebten wie gefürchteten absoluten Autorität gegenübertritt, und was immer der König ihm gewährt, wird zugleich die Angst und die Schuldgefühle aus der Zeit wiederbeleben, als sein Vater ihm alles verbot.

[45] Mit *Versuchungssituation* wird in der Neopsychoanalyse H. Schultz-Hencke eine Situation bezeichnet, die in spezifischer Weise ehemals gehemmte Triebimpulse anspricht und gegenüber der erzwungenen Härte von einst jetzt eine Aufweichung des neurotischen Gefüges mit sich bringt. Um einen Durchbruch der aufgestauten Triebbedürfnisse zu verhindern, reagiert das Ich mit einer Vermehrung der Angst und das Überich mit einer Erhöhung der Schuldgefühle. So werden die Versuchungssituationen nicht selten zu Auslösern einer eigentlichen neurotischen Symptomatik; H. SCHULTZ-HENCKE: Lehrbuch der analytischen Psychotherapie, S. 92–95. Für das Mädchen ohne Hände, das bisher niemals zugreifen durfte, wird jetzt jedes Angebot seines Geliebten eine Verlockung zu maßloser Gier, die es mit Angst und Schuldgefühlen, statt mit uneingeschränkter Freude beantwortet. Es lebt äußerlich in einem Paradies; aber alle Gaben können ihm nicht die Zuversicht geben, daß seine Wünsche berechtigt sind.

[46] In der Praxis der Eheberatung erlebt man immer wieder, besonders zwischen einem depressiven und einem zwangsneurotischen Ehegatten, wie der eine Teil nicht hört, was der andere wirklich meint und sagt, sondern was sein eigenes Überich aus Anlaß des Gesagten sagt. Dieser Fall müßte in der Transaktionsanalyse von E. Berne als Stimulus Er-Er und als Reaktion K-EL beschrieben werden; E. BERNE: Was sagen Sie, nachdem Sie «Guten Tag» gesagt haben? Psychologie des menschlichen Verhaltens (1972), München 1975 (Kindler 2192), S. 28; übers. v. W. Wagmuth. Die bloße Klassifikation des Interaktionsschemas aber gibt nur sehr unzulänglich das Gefühl der Verzweiflung und Hilflosigkeit wieder, das bei einem Höchstmaß an gutem Willen auf seiten beider Ehepartner herrscht und das in dem Märchen sehr treffend mit dem Eindruck wiedergegeben wird, einem Teufelsspuk gegenüberzustehen.

[47] Der *Schlaf* ist doppelt geeignet, den Vorgang der «Briefvertauschung» zu begründen. Zum einen ist jede Herabsetzung der psychischen Spannung mit einer Schwächung des Ichs, also mit einer Verstärkung des Überichs verbunden; zum anderen ist der Schlaf zugleich stets eine Regression in die Kindheit, wo das Überich seine Prägung fand.

[48] Es verdient an dieser Stelle, auf die Novelle von F. M. Dostojewski: «Ein schwaches Herz» (1848) hinzuweisen, in welcher der russische Dichter den Fall eines äußerst kontaktscheuen Mannes schildert, der eines Tages das Glück hat, eine Beziehung zu einem Mädchen beginnen zu können, aber vor lauter Dankbarkeit sowie in dem Gefühl seiner vollständigen Minderwertigkeit in Wahnsinn verfällt. F. M. DOSTOJEWSKI: Erzählungen, übers. v. E. K. Rahsin, Frankfurt 1972 (Fischer Tb. 1263), S. 129–169. Es spricht vor diesem Hintergrund trotz allem für eine gewisse Stärke des Mädchens, daß es sich – wiederum – dem bestehenden Konflikt durch *Flucht nach außen* und *innere Distanz* zu entziehen weiß.

[49] Ähnlich erlebt man nicht selten, daß de facto die höchste *Suizidneigung* gerade dann aufbricht, wenn im Verlauf einer therapeutischen oder privaten Beziehung ein gewisser Fortschritt erreicht wurde und das Gefüge der bisherigen Verdrängungen und Gehemmtheiten ein Stück weit gelockert werden konnte.

[50] Der *Sadismus des Überichs* ist nur die Kehrseite zu dem Masochismus des Ichs, der für jede schwere Depression charakteristisch ist; S. FREUD: Das Ich und das Es (1923), in: Ges. Werke XIII, S. 282–283; 288–289.

[51] Besonders J. G. Frazer betrachtete religionshistorisch das Tieropfer als einen Ersatz des Menschenopfers, bei dem der göttliche König als Vertreter des Vegetationsgeistes getötet wurde; J. G. FRAZER: Der goldene Zweig. Das Geheimnis von Glauben und Sitten der Völker; abgek. Ausgabe, Leipzig 1928, übers. v. H. v. Bauer, S. 383–413; E. DREWERMANN: Strukturen des Bösen, Bd. II, S. 430–413; S. FREUD: Totem und Tabu (1912), in: Ges. Werke IX, S. 182 deutete das Opfer des Königs im Sinne des Ödipuskomplexes als Ermordung des Urvaters, die in dem späteren Verbot, das Totemtier zu töten, ihren Niederschlag gefunden habe.

[52] Auf diese Weise sieht man, was das Mädchen durch seine Flucht gewinnt: es entflieht dem Umkreis der Vorwürfe und der Schuld, und indem es dies äußerlich tut, bereitet es sich bereits darauf vor, auch innerlich von der Welt der depressiv getönten Schuldgefühle ihm die Flucht ermöglicht, wird es alsbald in der Gestalt des Engels zu dem Haus geleitet, wo es seine Hände wiedererlangt.

[53] Bereits S. Freud wies darauf hin, daß «Trauer... regelmäßig die Reaktion auf den Verlust einer geliebten Person» darstellt; S. FREUD: Trauer und Melancholie (1916), in: Ges. Werke X, S. 428–429.

[54] Das Kind der Mondgöttin ist oft in den Mythen ein trauererfülltes, weinendes Kind; s. o. Anm. 1. Das Kind mit dem Namen «Schmerzenreich» oder «Kummervoll» ist wörtlich in der griechischen Mythe von *Anios* vorgebildet, dem ältesten König der Insel Delos, dessen Mutter Rhoio das typische Schicksal der Mondgöttin teilt: sie empfängt das Kind vom Gott Apoll, aber als ihre Schwangerschaft bekannt wird, läßt ihr Vater Staphylos (der Traubengott) sie in einer Truhe ins Meer werfen, die in Delos ans Land

getrieben wird. Der Name Anios («Kummervoll») dürfte eigentlich «der Förderer» bedeuten und war wohl der Name eines Vegetationsgottes. H. USENER: Die Sintfluthsagen, Bonn 1899, S. 97–98; E. DREWERMANN: Strukturen des Bösen, 2. Bd.: Die jahwistische Urgeschichte in psychoanalytischer Sicht, Paderborn² 1980, S. 361. Zur Bedeutung des göttlichen Kindes in Religionsgeschichte und Tiefenpsychologie vgl. K. KERÉNYI – C. G. JUNG: Das göttliche Kind in mythologischer und psychologischer Beleuchtung, Albae Vigiliae, Heft VI–VII. In der Sagenwelt ist z. B. Parcival der Sohn des Gahumret und der Herzeleide; vgl. R. SCHIRMER: Lancelot und Ginevra. Ein Liebesroman am Artushof, Zürich 1961, S. 76; W. V. ESCHENBACH: Parcival, 2. Buch, in: H. Jantzen: Parcival, Leipzig (Göschen 921) 1944, S. 13–14. M. L. VON FRANZ: Das Weibliche im Märchen, meint zu Recht von dem Sohn «Schmerzenreich»: «Er ist und symbolisiert die Frucht ihres Lebens, das durch die volle Leiderfahrung hindurchgegangen ist und dadurch Gelassenheit und Weisheit gelernt hat.» Man sollte vor allem sagen: Es hat die Gnade des Lebens erfahren.

55 Von «Gott» oder Göttern wird in den Mythen und Märchen ebenso wie von Engeln, Teufeln und Madonnen oft nur als Reflex psychischer Erfahrungen gesprochen. Aber an dieser Stelle des Märchens beginnt eine Ebene der Erfahrung, auf der von Gott nicht mehr nur im religionspsychologischen Sinne (als Erfahrung des Selbst) die Rede sein kann, sondern wo theologisch deutlich wird, daß zur Bedingung der Selbstfindung ein Vertrauen gehört, das einer absoluten, dem Menschen frei gegenüberstehenden Person gilt. Zum Unterschied zwischen dem psychologischen und dem theologischen Gottesbegriff vgl. E. DREWERMANN: Strukturen des Bösen, Bd. II, S. 26–29; 424–430; Bd. III, S. 144–148; 546–547.

56 Ohne in einer absoluten Weise in sich selbst zu ruhen, wird es unvermeidlich sein, den notwendigen Halt im anderen Menschen zu suchen und an diesen mit absoluten Erwartungen nach Geborgenheit und Sinnbestimmung heranzutreten. So wie es psychoanalytisch für die *Hysterie* charakteristisch ist, den anderen mit der Liebe eines kleinen Mädchens zu seinem Vater zu überziehen – und ständig an diesen Überforderungen enttäuscht zu werden –, so ergibt sich das hysterische Syndrom daseinsanalytisch aus einer Haltung, die aus eigener Haltlosigkeit im anderen einen Ersatz für Gott sucht. E. DREWERMANN: Strukturen des Bösen, Bd. III, S. 310–324; DERS.: Sünde und

Neurose. Versuch einer Synthese von Dogmatik und Psychoanalyse, Münchener Theologische Zeitschrift, 31. Jg., Heft 1/1980, S. 35–39.

57 Der Weg zur Überwindung des Schuldgefühls, der in dem verbotenen Zugreifen im Königsgarten begann, findet hier auf einer neuen Ebene seinen Abschluß; die Heilung des Mädchens liegt darin, daß ihm seine Unschuld zurückgegeben wird, und insofern es sich selbst in der Gestalt der weißgekleideten Jungfrau, so wie in der iranischen Religion das gute Gewissen der Seele beim Endgericht als ein wunderschönes 15jähriges Mädchen erschien: Hadokht Nask 2,9, in: K. F. GELDNER: Die zoroastrische Religion (Das Avesta), Tübingen 1926, S. 42–43.

58 Es ist interessant, daß in der als «Koiné» bezeichneten Handschriftengruppe die Wunderheilung am Teich Beth Chesda ebenfalls durch das Motiv des Engels ergänzt wird, der von Zeit zu Zeit das Wasser in Wallung setzt und denjenigen heilt, der als erster zum Bad hinabsteigt (Joh 5,4). Freilich ist dort alles in ein Feld der Konkurrenz getaucht: es kommt darauf an, der Schnellste unter den Gelähmten zu sein. Aber es wird für das Wunder doch entscheidend, daß der Gelähmte nach Jahrzehnten der Menschenabhängigkeit und der Enttäuschung es lernt, sich auf seine eigenen Beine zu stellen und selber zu gehen. Es sind dies Worte, die weder ein Mensch dem anderen noch das eigene Ich sich sagen kann – sie müssen, wo auch immer sie vernommen werden, aus eben dem Raum kommen, den die Theologie als Gnade Gottes deutet.

59 Es ist die Szene, in der Marianne ihren Alptraum erzählt; sie träumte: «Ich will, daß ihr meine Hände haltet, damit wir uns aneinander festhalten können… Aber es geht nicht. Ich habe keine Hände mehr. Ich habe nur ein paar Armstümpfe, die an den Ellbogen enden. Gleichzeitig rutsche ich auf weichem Sand aus. Ich kann euch nicht erreichen.» Sie fragt Johann: «Glaubst du, wir leben in absoluter Verwirrung?» Als dieser sie fragt: «Was meinst du mit Verwirrung?», erklärt sie: «Furcht, Unsicherheit, Unverstand. Ich meine Verwirrung. Daß wir insgeheim einsehen, daß es bergab geht. Und daß wir nicht wissen, was wir unternehmen sollen.» I. BERGMAN: Szenen einer Ehe, München² 1976 (Heyne 5275), S. 200–201.

60 Erst auf dem Hintergrund eines solchen absoluten Seindürfens, einer solchen absoluten Daseinsberechtigung findet ein Mensch zu sich selbst und findet er den Mut, dem anderen ohne Angst zu begegnen. Im Feld der Angst erscheint der andere so, wie J.-P.

SARTRE ihn beschrieben hat: als Gegenmensch, unter dessen Blick die eigene Welt zerstört wird und das eigene Leben versteinert. Zur Interpretation des Hegelschen Verhältnisses von Herr und Knecht bei Sartre vgl. E. DREWERMANN: Strukturen des Bösen, Bd. III, S. 263–278.

61 Buchstäblich gilt hier die Einsicht des altchinesischen Weisen LAOTSE:
«Wer das Lernen übt, vermehrt täglich.
Wer den *Sinn* übt, vermindert täglich.
Er vermindert und vermindert,
bis er schließlich ankommt beim Nichtsmachen.
Beim Nichtsmachen bleibt nichts ungemacht.
Das Reich erlangen kann man nur,
wenn man immer frei bleibt von Geschäftigkeit.
Die Vielbeschäftigten sind nicht geschickt,
das Reich zu erlangen.»
LAOTSE: Tao te king, Nr. 48, übers. v. R. Wilhelm, Düsseldorf-Köln 1957, S. 91. – Der Liebende handelt nicht, er ist in der Nähe, und das ist genug.

62 Das Verdecken der Augen entstammt ursprünglich der Sonnenmythologie, s. o. Anm. 8. Psychologisch ist wohl ein Vorgang des Umlernens gemeint, in dem man die alte Weltsicht der eigenen Fürsorge und absoluten Wichtigkeit für den anderen verliert und zu einer neuen Ansicht der gemeinsamen Dankbarkeit füreinander findet. In der Bibel ist besonders die Bekehrung des hl. Paulus zur Verdeutlichung dieser vorübergehenden Blindheit aufgrund einer tieferen Sichtweise geeignet: Apg 9,8.

63 Das Essen des Brotes ist offenbar das vollendete Gegenstück zu den oralen Gehemmtheiten der Ausgangsproblematik des Märchens. Die Art, in der die endgültige Heilung festgestellt wird, unterstreicht noch einmal die Richtigkeit der eingangs getroffenen Krankheitsdiagnose. Zum Essen s. o. Anm. 34.

64 Die «Mutter» verkörpert in der Sprache der Märchen am ehesten das, was in der Theologie Gott genannt wird; sie ist ein Bild des unbegreiflichen Ursprungs und der gnädigen Erhaltung von allem; E. DREWERMANN: Strukturen des Bösen, Bd. II, S. 24; 42; 158.

65 Das Bild des hieròs gámos, der Hl. Hochzeit, ist in den Mythen und Märchen sowie in den zahlreichen Riten alter Religionen ein Symbol der Gegensatzvereinigung der kosmischen wie der psychischen Kräfte. E. DREWERMANN: Strukturen des Bösen, Bd. II, S. 332–354; C. G. JUNG: Die Psychologie der Übertragung. Erläutert anhand einer alchemistischen Bilderserie (1946), in: Ges. Werke XVI, S. 282–283.